SONDERZAHL

Karin Fleischanderl
Vom Verbot zum Verkauf
Aufsätze zur Literatur

SONDERZAHL

Alle Rechte vorbehalten
© 2010 Sonderzahl Verlagsgesellschaft m.b.H., Wien
Schrift: Sabon, Arial
Druck: buch bücher dd ag, Birkach
ISBN 978 3 85449 331 0

Umschlag von Thomas Kussin

Inhalt

Vom Verbot zum Verkauf

Zwei Lektüreerfahrungen aus letzter Zeit, die mir in Erinnerung geblieben sind: Erstens *Die Erfindung des Lebens* von Hanns-Josef Ortheil[1], zweitens *Lady, kommen Sie, ich werde Sie erlösen* von Monika Helfer[2].

Ortheil erzählt in seinem autobiographisch gefärbten Roman von der symbiotischen Beziehung zu seiner Mutter, die nach dem Tod der vier erstgeborenen Söhne verstummt war und ihr jüngstes Kind ungewollt am Sprechen hinderte. Mit Phantasie und unkonventionellen Methoden gelingt es dem Vater, den Sohn aus der Umklammerung zu befreien und ihm eine normale Entwicklung zu ermöglichen, genauso wie es dem Sohn zwei Jahrzehnte später gelingt, die aufgrund von Krankheit unmöglich gewordene Pianistenkarriere aufzugeben und einen Neuanfang als Schriftsteller zu wagen.

Monika Helfer erzählt von einer wahren oder fiktiven Mexikoreise nach dem Unfalltod ihrer Tochter: Erinnerungen mischen sich mit Traumsequenzen und Phantastischem, der spielerische, karnevaleske Umgang mit dem Tod lindert die Trauer.

Gemeinsam ist beiden Texten, dass sie beschreiben, wie Menschen sich aus existenziellen Engpässen, aus festgefahrenen Situationen befreien. Sie zeigen nicht nur auf inhaltlicher Ebene den Weg ins Freie, sondern erzeugen mit sprachlichen Mitteln eine Atmosphäre, bei der es dem Leser, der sich zwar nicht im Augenblick, doch potentiell immer wieder in einer ähnlichen Situation befinden mag, ganz leicht wird ums Herz, die ihm das Gefühl gibt: es gibt Möglichkeiten. Beinahe wie eine gelungene Therapie stellen sie unter Beweis, dass Veränderung und Neuanfang möglich sind. Immer wieder.

Wahrscheinlich gehört dies zum Besten, was Literatur nach wie vor leisten kann: ein anderes Leben sichtbar zu machen, und zwar nicht im Sinne von Trost, Zerstreuung oder utopischen Verheißungen, die nur das Bestehende zementieren, sondern ganz im Gegenteil, in seiner machbaren, realistischen Form. Im Leser weiterzuwirken, fruchtbar zu werden, ihn implizit aufzufordern, am Leben zu bleiben.

Dies meint auch Andrea Zanzotto (der seinerseits in seinen Essays versucht, die Literatur, allen widrigen Umständen zum Trotz, „am Leben zu halten"), wenn er schreibt, die Dichtung beruhe auf dem unbändigen Wunsch, die Wirklichkeit zu „kollaudieren", die Tatsache zu loben, dass es die Welt gibt.

Die Dichtung ist eine Art Loblied auf die Welt als solche, denn das Leben spricht (in gewisser Weise) von sich, zu einem Ohr, das es (auf gewisse Weise) versteht; es spricht auf seine ureigene, vielleicht verkehrte Weise; das Leben, die Wirklichkeit „wachsen" aufgrund des Lobes, das sie gleichzeitig auslösen und in gewisser Weise erwarten. Aber die Dichtung spricht nicht nur ein Lob aus (und dieses Gefühl, dieses Konzept begegnet uns in der ganzen dichterischen Tradition), sondern mithilfe der Dichtung findet auch eine wahre „Kollaudierung" der Wirklichkeit statt. In welcher Weise? Auch dem Kind stellt sich die Realität recht früh in ihrer tragischen Widersprüchlichkeit dar; sie lässt sogar erkennen, dass sie sich am Ende in Nichts auflöst, aber dennoch gibt es immer wieder Augenblicke (die überhaupt nicht „selten oder „privilegiert" sind, denn sie können uns jederzeit, selbst in der Tiefe des depressiven Stillstands überraschen), in denen sie ihre absolute Würde offenbart, oder besser gesagt, die Tatsache, dass sie „würdig" ist zu sein, dass sie ihre Existenzberechtigung in sich trägt, die es darzulegen gilt, und die nie vollständig darzulegen ist.[4]

Hans Josef Ortheils Roman ist in einem mittelgroßen deutschen Verlag erschienen, Monika Helfers Text in der österreichischen Literaturzeitschrift *kolik*. Ortheils Roman ist, wie es im Branchenjargon heißt, für ein Publikum von ungefähr zehntausend Lesern konzipiert, womit der Autor bereits zur Liga der erfolgreichen Autoren gehört, Monika Helfers Text wurde wahrscheinlich gar nicht konzipiert, sondern ist einfach geschehen, passiert, ist aus der Feder geflossen, und wurde gewiss nicht von mehr als ein paar hundert Menschen gelesen.

Womit bewiesen wäre: Literatur entsteht zum Glück nach wie vor, hie und da, allen Widrigkeiten zum Trotz, und zwar auf beiden Seiten des Grabens, der die literarischen Lager mittlerweile auf genauso unüberwindbare wie unfruchtbare Weise trennt.

Auf der einen Seite des Grabens steht der offizielle, herkömmliche Literaturbetrieb, bestehend aus mittelständischen (vorwiegend bundesdeutschen) Verlagen und dem (vorwiegend bundesdeutschen) Feuilleton, der sich in einem genauso unausweichlichen wie aussichtslosen Kampf gegen Großkonzerne wie Random House zermürbt, die, flankiert von Buchhandelsketten wie Thalia, das Publikum direkt – per Werbung, per Vormachtstellung in den Regalen – ansprechen, ohne auf die traditionellen vermittelnden Instanzen angewiesen zu sein.

Birk Meinhart beschreibt in der *Süddeutschen Zeitung*, wie der Konzern Thalia zur „Zerstörung einer ganzen Branche beiträgt":

15.000 Euro kostet ein Titel im Weihnachtsprospekt 2009. Der

Preis für ein ‚Thalia-Buch des Monats' liegt bei 50 000 Euro. Dafür haben die Verlage die Gewähr, dass diese Titel erstklassig sichtbar präsentiert werden. Alle anderen, ausgenommen solche, die schon Bestseller sind, verschwinden dagegen im Regal, wo sie kaum wahrgenommen werden. ... 50 000 Euro für einen Monat in einer Kette, für einen Titel, wer bringt das schon auf? Regelmäßig ein Konzern wie Random House. Selten ein unabhängiges Haus wie Suhrkamp oder Hanser. Und gar nie ein kleines wie Matthes & Seitz.[5]

Um nicht völlig vom Markt verdrängt zu werden, hat sich der herkömmliche Literaturbetrieb auf eine Strategie eingeschworen: Belletristik, *aber mit Anspruch*. Während Bertelsmann & Co den Markt mit Belletristik ohne Anspruch, sprich Unterhaltungsliteratur überschwemmt, mit Büchern, „deren Verkäufer vollkommen von deren Inhalt absehen"[6], oder besser gesagt, den Inhalt nur nach dessen Verkäuflichkeit beurteilen, behaupten die sogenannten Qualitätsverlage nach wie vor den literarischen Anspruch ihrer Produkte. Sie bedienen das relative kleine Segment des Bildungsbürgertums, das zwar keinen Bertelsmann-Schund lesen, sich aber auch nicht mit literarischen Äußerungen herumplagen, sondern vielmehr das „Herz der Kultur" schlagen hören möchte.

Literarische Qualität ist in diesem Verdrängungs- und Konkurrenzkampf eine vernachlässigbare, wenn nicht gar störende Größe. Sie hilft nicht im Kampf gegen die Konzernriesen, ganz im Gegenteil. Im Kampf gegen die Konzernriesen helfen allenfalls konzertierte Marketingstrategien wie die Verleihung des Deutschen Buchpreises – naiv zu glauben, hier würden literarische Leistungen gewürdigt, wo es doch nur um Selbstbehauptung der vorwiegend bundesdeutschen mittelständischen Verlage auf einem immer rabiater werdenden kapitalistischem Markt geht.

Genauso rabiat wie die Großkonzerne gegenüber dem

herkömmlichen Literaturbetrieb verhalten sich dessen Agenten – Lektoren, Rezensenten – gegenüber genuin literarischen Äußerungen, die sie nur Kraft und Zeit kosten könnten in dem größeren und existenzielleren Kampf, den sie Tag für Tag ausfechten. Literarische Qualität nehmen sie in Kauf, solange sie nicht auffällt, den Verkauf nicht stört. Der Wert eines Textes besteht für sie vorwiegend in seinen außerliterarischen, dem bildungsbürgerlichen Publikum leicht zu vermittelnden Eigenschaften: in einer interessanten, zumeist kulturgeschichtlich relevanten Story, der Aufarbeitung von Bildungsgut, die sich zuweilen auch in einer reinen Nennung von Namen erschöpft (nach Ovid und Pessoa sind nun Humboldt und Gauss, Faraday, Newton und Mesmer an der Reihe), oder einem *big name*, etwa wenn man einen berühmten Schriftsteller zum Vater hat. Der größte Startvorteil scheint allerdings darin zu bestehen, unter zwanzig zu sein und sich einer fetzigen Sprache zu bedienen, auf die Gefahr hin, dass diese aus Internetforen und von Bloggern abgekupfert ist.

Die Agenten des Betriebs – Lektoren und Rezensenten, Markstrategen in Personalunion – lobhudeln und -preisen, sie können es sich gar nicht leisten, eines dieser Produkte, mit dem die mittelständischen Verlage ihre prekäre Stellung auf dem Markt behaupten, kritisch zu beurteilen. Immerhin geht es ja auch ihnen in erster Linie um ihre eigene Positionierung innerhalb des Betriebs, um Machtentfaltung und Konkurrenz. Kaum zu glauben, wie viele „originelle und warmherzige", „lebenskluge und witzige", „geistreiche und augenzwinkernde" Romane Jahr pro Jahr erscheinen, wie etwa Elke Heidenreich, eine bewährte Kämpferin für *Belletristik, aber mit Anspruch*, behauptet.

Wer heute Literatur produziert, muss sich mit der Forderung der Zeit an die Kunst auseinandersetzen und feststellen, dass durch das Primat des Marktes eine völlig neue Situation eingetreten ist. Ästhetik, poetologische Überlegungen, Innovation (damit meine ich nicht Gags), der Anspruch auf Allgemeingültigkeit und Dauer sind keine Kriterien mehr, die Erfolg und Bestehen eines Kunstwerks garantieren. (…) Der Wert eines Kunstwerks liegt in den Verkaufszahlen, in seiner medialen Präsenz, in seiner Platzierung auf den Charts. Gültigkeit hat, was den Launen des Zeitgeists entspricht, und das auch nur auf Abruf.[7]

So Anna Mitgutsch. – Oder wie es die Autorin Kathrin Röggla einmal (sinngemäß) formuliert hat: „Früher wurde man bei Lesungen als engagierter Autor, heute wird man als erfolgreicher Autor vorgestellt."

Die Agenten des Betriebs sitzen in den Jurys der als bedeutend geltenden Literaturpreise, die sie für ihren Behauptungskampf instrumentalisieren: Nicht die Literatur, sondern die Verlage sollen daraus gestärkt hervorgehen. Die Anwesenheit von Autoren, deren Texte sich aufgrund des Mangels an außerliterarischen Qualitäten von vornherein für den Verkauf an ein breiteres Publikum disqualifizieren, wird als ärgerliche Zumutung empfunden.

Auch Klaus Nüchtern ist es nicht um Literatur, sondern um die Ware Buch oder allenfalls um die Branche zu tun, wenn er im *Falter* schreibt, solange es tüchtigen Buchhändlern gelänge, zehntausend Stück von einem gewissen Titel abzusetzen, brauche man sich keine Sorgen zu machen.

Man kann diese Entwicklung auch als extreme Professionalisierung bezeichnen: ein engmaschiges Netz aus Literaturagenten (im ursprünglichen Sinn des Wortes), Verlagsvertretern, Lektoren, Rezensenten, Literaturredakteuren sorgt dafür, dass keine Pannen passieren, dass nichts durchrutscht, was nicht durchrutschen soll. Es gibt kein „wildes Außen" mehr: Professionelle Autoren schreiben, was das jeweilige Publikum von ihnen erwartet, professionelle Übersetzer führen ihre Aufträge aus, ohne die geringste Chance, Einfluss auf die Produktion zu nehmen oder auch nur Stellung dazu beziehen (selig die Zeiten, wo Toni Kienlechner Carlo Emilio Gadda für den deutschen Markt entdecken durfte!), Buchhandelsketten verkaufen die Ware Buch wie Schokoriegel oder Damenbinden, Literaturredakteure erkundigen sich per Umfrage bei ihren Lesern, welche Themen sie in der Wochenendbeilage behandelt haben möchten (nur ja keine unbekannten Autoren!). Ein gutes Dutzend Feuilletons gibt eine im Wesentlichen identische Meinung zu immer denselben Autoren und Autorinnen ab. Die Größe der Rezensionen verhält sich direkt proportional zur Größe der Verlagsinserate. „Ist der Stellenwert eines Buches in seinem Erscheinungshalbjahr erst einmal festgelegt, herrscht häufig Einhelligkeit in der Szene, das Ausscheren eines eigensinnigen Journalisten kommt nur selten vor, man paraphrasiert sich gegenseitig."[8]

Auf der anderen Seite des Grabens stehen die, die ihre Produkte so verfertigen, als wären sie den Zwängen des Erwerbslebens entzogen. Sie scharen sich rund um Literaturzeitschriften und Kleinverlage, die in Österreich dank des staatlichen Förderungswesens, in der BRD aufgrund von Stiftungen und Preisen und nicht zuletzt auch aufgrund von Individuen, die kurz- oder längerfristig auf gängigen Lebensstandard und Medienapplaus verzichten können und wollen, überleben, wo sie ihre für eine zahlenmäßig eingeschränkte Leserschaft bestimmten Produkte veröffentlichen und zuweilen auch Kritik am Betrieb äußern.

In Pierre Bourdieus Diktion verfügen sie nicht über reales, sondern über symbolisches Kapital. Ihm zufolge hat man sich die Vergabe von Fördermitteln in Form von Preisen und Stipendien, von der natürlich auch die am Literaturmarkt Reüssierenden nicht ausgeschlossen sind, als gegenseitigen Austauschprozess vorzustellen. Die Schriftsteller setzen ihr angehäuftes symbolisches Kapital ein und erhalten ökonomisches Kapital vom Staat, und umgekehrt erhält der Staat für sein ökonomisches Kapital kulturelles Ansehen zurück, das ihm Prestige verschafft.[9]

Allerdings ist dieses symbolische Kapital nicht viel mehr wert als Spielgeld. Spielgeld, das man zwar in echtes Geld umwechseln kann, das jedoch außerhalb des eigenen literarischen Feldes kaum Wert hat. Die Autoren diesseits des Grabens erlauben sich zu spielen, mit Sprache zu spielen, sie brauchen sich nicht um Themen zu kümmern, die ein breiteres Publikum interessieren könnten[10], sie bewegen sich in einer geschützten Werkstätte, wofür sie von allen, die sich dem Ernst des Lebens stellen und auf dem kapitalistischen Markt bewähren (müssen), belächelt, verachtet, und vielleicht auch ein wenig beneidet werden.

Früher einmal, in den letzten Jahrzehnten des 20. Jahrhunderts ging diese Haltung mit der Attitüde des Widerstands einher, oder zumindest mit der Illusion, heroisch Widerstand zu leisten.

Pierre Bourdieu zum Beispiel verglich die Haltung zeitgenössischer Autoren gegenüber der Kulturindustrie mit dem Verhalten der französischen Schriftsteller unter der Okkupation, und die erfolgreichen Schriftsteller mit Kollaborateuren, die es zu bekämpfen hieße.

Je mehr der Autor mit seinen Produkten hingegen den Markt des breiten Publikums bedient, desto mehr tendiert er dazu, mit externen Mächten wie Staat, Kirche, Partei und heutzutage eben mit Journalismus und Fernsehen zu kollaborieren, sich ihren Anfragen und Aufträgen zu unterwerfen.[11]

Ein Autor tendiere umso mehr zum Widerstand, je mehr spezifisches Kapital er besitze, je ausschließlicher er den eingeschränkten Markt beliefere, auf dem er ausschließlich seine eigenen Konkurrenten zu Kunden hat.

Wenn die wissenschaftlichen, politischen, literarischen Felder durch die Medien bedroht sind, so deswegen, weil es innerhalb dieser Felder von außen bestimmte ... Personen gibt. Sie haben Interesse an Heteronomie, Interesse daran, die Bestätigungen, die sie innerhalb des Feldes nicht erlangen, außerhalb zu finden. ... wenn es mir unerlässlich erscheint, diese heteronomen Intellektuellen zu bekämpfen, so deswegen, weil sie das trojanische Pferd sind, durch das die Heteronomie, das heißt die Gesetze des Kommerzes in das Feld Einzug halten.

Auch für Eco hatten die von ihm als *Apokalyptiker* bezeichneten *Dissenter* – die gerade dadurch überlebten, weil sie Theorien über den Zerfall ausbildeten, während sich die *Integrierten* weitgehend die Theoriearbeit versagten und ihre Botschaften in unbegangener Leichtigkeit übermittelten – etwas Heldenhaftes, da sie vor dem Hintergrund der drohenden Katastrophe die Existenz einer Gemeinschaft von Übermenschen erahnen ließen, die sich über die Banalität und den Durchschnitt zu erheben vermögen. „Wir beide, du und ich", gebe der apokalyptische Kritiker seinem Leser zu verstehen, „sind die einzigen, die verstanden haben und gerettet sind, wir sind die einzigen, die nicht Masse sind."[12]

Die Apokalyptiker sind leiser geworden, wenn nicht gar verstummt. Sie haben keinen Marktwert mehr. Was merkwürdig ist oder auch nicht, wenn man bedenkt, dass der „Verfall" mittlerweile viel weiter fortgeschritten ist als noch vor fünfzig Jahren, als Ecos Aufsatz entstand, als die Aufwertung von Schund und Pop unter anderem auch etwas Befreiendes hatte, mit Abschaffung von Hochkultur und Hierarchien einherging, als Pop und Schund noch verbotene, aufregende Inhalte transportierten und nicht einfach in langweiligen und langweilig erzählten Geschichten bestand, die aggressiv verkauft und beworben werden wie jede x-beliebige Ware.

Das Schweigen der Apokalyptiker entspricht dem „Schweigen und der Langeweile", das Colin Couch[13] den Bürgern in postdemokratischen Gesellschaften bescheinigt, in denen sich der Staat immer mehr aus seinen angestammten Funktionen zurückzieht und den immer rabiater werdenden Märkten nichts entgegenzusetzen weiß, wo politische und ökonomische Eliten immer mehr das Sagen haben, und die Einzelnen den Anspruch auf politische Gestaltung zunehmend verlieren. (In Italien etwa, wo die Medienherrschaft die politische Kommunikation fast völlig ersetzt hat, regt sich von Seiten der Autoren und Intellektuellen so gut wie kein Widerstand gegen Berlusconi, es gedeiht auch keine Literatur mehr: Produziert und verkauft werden fast ausschließlich Krimis.)

Das heroische Gegen-den-Strom-Schwimmen ist zu einem mehr oder weniger freiwilligen und frustrierten Sitzen auf der Eselsbank verkommen. Tatsächlich gibt es ja nach wie vor (vielleicht mehr denn je?) Autoren, die in Bourdieus Diktion zum Widerstand tendieren, die spezifisches Kapital besitzen, deren Interesse vor allem darin besteht, Bestätigung innerhalb des spezifisch literarischen Feldes und nicht außerhalb zu finden. Die sich mehr oder weniger freiwillig damit begnügen, den eingeschränkten Markt zu bedienen, auf dem sie nur ihre eigenen Konkurrenten zu Kunden haben. Die ihre Produkte so verfassen, als ob es das Problem des finanziellen Überlebens gar nicht gäbe.

Inzucht ist die Kehrseite der Unabhängigkeit vom Markt: die Autoren, denen das Fördersystem physisches Überleben erlaubt und interne Anerkennung zusichert, sind den Mechanismen des österreichischen literarischen Feldes stark ausgesetzt, sie sind aufeinander angewiesen in der Vermittlung von Lesungen und Publikationsmöglichkeiten und in finanzieller Hinsicht von politischen Entscheidungsträgern und Juroren abhängig. Manchmal gehören sie zu den Förderern, manchmal zu den Geförderten. Und das „Nicht-gehört werden" frustriert und kränkt, weil der Staat nicht liest, sondern nur verwaltet und Geld überweist, weil die Anerkennung der eigenen schriftstellerischen Leistung fehlt, die man sich dann in Selbstvergewisserungsprozessen wie dem Feiern von Geburtstagen, dem Halten von Laudationes, dem Schreiben von lobenden Buchkritiken und Würdigungen holen und geben muss. Das führt einerseits zu einer gewissen Selbstbezogenheit, ja Selbstzufriedenheit, andererseits zu Minderwertigkeitsgefühlen, weil man sich bewusst ist, nur zu spielen, während die anderen arbeiten.[14]

Kritik hat nicht mehr das große Ganze im Auge, an dem sich ohnehin nichts ändern lässt, sie beschränkt sich mehr oder weniger auf die Forderung, zumindest für die eigenen Produkte möge die Trennung aufgehoben sein.

So klagt etwa Franz Josef Czernin darüber, dass die feuilletonistische Literaturkritik mit seiner Spielart der experimentellen Lyrik überhaupt nichts anzufangen wisse, obwohl er sich natürlich völlig im klaren darüber ist, warum dies so ist:

Tendenziell findet die Literatur kritische Beachtung, die der in der Zeitung verwertbaren Information ähnlich zu sein scheint oder jedenfalls in der Kritik als solche plausibel dargestellt werden kann. Denn die Kritik selbst soll als Information über Information verkäuflich sein.[15]

Andererseits wollen sich die, die im Literatubetrieb reüssieren, nicht damit begnügen, anspruchslosen Lesestoff für ein relativ breites Publikum herzustellen und buhlen um die Anerkennung der traditionellen Instanzen, und sei es auch nur, um den eigenen Marktwert dadurch nochmals zu steigern.

Josef Haslinger, dessen Roman *Opernball* sich zwar hunderttausendmal verkauft hat, der von der Kritik überraschenderweise aber doch etwas gezaust wurde, versucht in einer Art Nachschrift, sein Werk mit dem postmodernen Argument zu rechtfertigen, die Unterscheidung in E und U sei doch längst hinfällig geworden (in derselben Weise, wie übrigens auch Umberto Eco in seiner *Nachschrift* die konventionelle Machart seines Romans der *Name der Rose* als postmodern und somit literarisch avanciert zu legitimieren versucht. Und wie Norbert Gstrein in *Selbstporträt mit einer Toten* seinen Roman *Die englischen Jahre* gegen schlechte Kritiken in Schutz nimmt). Letztlich seien es doch nur die Bedürfnisse der Leser, schreibt Haslinger, die darüber entschieden, was Kunst sei, und er selbst lese nur Unterhaltungsliteratur wie Kant, Bachmann oder Handke.

Die Situation erinnert an ein Restlessen, an das Verwerten von Altbeständen, und zwar auf beiden Seiten des Grabens. Zweifellos stellen gewisse Formen unseres kulturellen Erbes ein abgeschlossenes Kapitel dar, für das es keine Fortsetzung geben kann. Epochemachende Neuerungen sind, zumindest auf der Ebene der Kunst und der Literatur, im Augenblick nicht möglich, deshalb muss man sich damit begnügen, das Alte zu verwalten, das von der Moderne hinterlassene Material zu gestalten. Für diesen Zustand, der zum ersten Mal in den 1960er Jahren des 20. Jahrhunderts konstatiert wurde, hat man die Bezeichnung „Postmoderne" gefunden.

Wobei die einen, denen das Etikett „Postmoderne" in den 1980er Jahren und danach nicht als kritische Zeitdiagnose, sondern im Rahmen einer verkaufsfördernden Werbestrategie verpasst wurde (Eco, Ransmayer, Süskind, Schneider), und die, von Daniel Kehlmann über Ralf Börnt bis hin zu Alissa Walser, nach wie vor Nachahmer finden, nur noch in der Asche herumstochern. Sie beschränken sich darauf, mit Bildungsschrott hausieren zu gehen, dessen Zurschaustellung vom Publikum (und von Feuilleton) dankbar mit literarischer Arbeit verwechselt wird. Wie es Trivialliteratur immer getan hat, imitieren sie die literarischen Formen des 19. und 20. Jahrhunderts und ködern das Publikum mit der Nennung berühmter Namen.[16]

Auf diese Weise entsteht eine Als-ob Literatur, die nicht einfach nicht Literatur, also banal oder trivial oder journalistisch oder belletristisch ist, sondern die sich gerade dadurch auszeichnet, dass sie Banales und Triviales, Journalistisches oder Belletristisches als privilegierte literarische Erfahrungen verkaufen möchte. Sie ist das Negativ der Literatur, deren Bedeutung unablässig herbeigeredet werden muss von den Experten in den Feuilletons und den germanistischen Seminaren. Sie ist, in der Diktion der Psychoanalyse, die Analität, die nicht sublimiert wird, Schrott, der um sein wahres Wesen nicht zu offenbaren, umso heftiger idealisiert und angepriesen werden muss. (Wobei

nicht ganz klar ist, was man nun heftiger verurteilen sollte: den banalen, trivialen, journalistischen und belletristi-
schen Bertelsmann-Schrott, der zwar aggressiv beworben
und verkauft wird und sich somit gegen alle Konkurrenten
durchsetzt, sich aber immerhin zu seiner banalen, trivialen,
etc. Machart bekennt, oder die Trojaner, die ihre wahres
Wesen hinter ihrer Scheinfassade verbergen.)

Die Als-ob Literatur beschreibt nicht, sie behauptet, sie
zeigt die Dinge nicht, sie benennt sie nur, sie verlässt sich
auf Klischees, auf Zitate, die als Referenzen herangezo-
gen werden, um Gefühle und Erlebnisse zu beglaubigen.
Sie ist auf Effekte aus, sie schreibt dem Leser vor, wie er
zu denken und zu fühlen habe. Sie wirkt dünn und oberflächlich, zuweilen auch kindisch, sie verfügt über keine
Tiefe, dafür aber über eine glänzende Oberfläche, manchmal ist sie auch perfekt, prächtig oder luxuriös, bedient
sich einer gewollt gespreizten oder auch altertümlichen
Sprache und ausgesuchter Bilder. Manchmal flutscht sie
auch und geht runter wie Öl, weil sie mit keinerlei Wider-
haken versehen ist, die dem Leser irgendeine Verständnisleistung abverlangen würden. Mitunter übt sie einen
Sog aus, dem man sich schwer entziehen kann, und lässt
dennoch hungrig und unbefriedigt zurück.

Oder in Peter Landerls Formulierung:

Man liest sich durch die Gegenwartsliteratur, man frisst sich durch,
man stopft sich voll und wird so selten satt. So, wie man sich die
Burger bei McDo reinzieht, mit Fritten dazu, und zwei Stunden
später schon wieder Hunger hat. Heißhunger. Und weiterfrisst. Die
vielen Romane, die heute geschrieben werden, sie lesen sich gefällig,
doch sie rühren nicht.[17]

Für alle diesseits und jenseits des Grabens, denen es trotz
allem gelingt, Literatur zu machen, gilt, dass sie die Tradition mit ein wenig Leben erfüllen, die Glut schüren, das

Feuer nicht völlig ausgehen lassen, auch wenn sie sich damit zufrieden geben müssen, alte Formen weiterzuführen, in der Tradition der realistischen oder der avantgardistischen Literatur zu schreiben. Dennoch gelingt es ihnen, etwas von sich „einzubringen", nicht nur museale Formen auszustellen, sondern ein in ihnen begrabenes Mysterium zum Ausdruck zu bringen, sodass sich daraus eine individuelle Sichtweise und ein individueller Stil ergeben, ein individueller Blick auf die Wirklichkeit, der trotz aller Stagnation etwas Frisches und Überraschendes an sich hat. Um wieder einmal Eco zu zitieren: In der *Nachschrift* zum Namen der Rose schreibt er, einem hoch gebildeten Mann sei es heute unmöglich, in aller Unbefangenheit eine Liebeserklärung zu mache, er könne allenfalls sagen: wie es bei Autor X oder Y heißt, liebe ich dich aus ganzem Herzen: Mit einem Wort, er könne allenfalls ein Klischee ironisch wiederholen.

Dem wäre entgegenzuhalten, dass es manchen doch noch gelingt, ihre Liebeserklärung in eigenen Worten zu verfassen, ohne explizite Referenzen und Bezugnahmen auf die Literaturgeschichte.

Bei Texten, die diese Kriterien erfüllen, hat man das Gefühl, sie bringen etwas zum Schwingen, sie haben eine Tiefe, auf die einzulassen es sich lohnt, sie verfügen über einen Reichtum des Blicks oder des Herangehens an die Dinge, sie lösen eine Fülle komplexer und zuweilen auch widersprüchlicher Regungen aus. Es lohnt sich, über sie nachzudenken. Sie bringen eine Wahrheit ans Tageslicht, sind authentisch, ehrlich, zuweilen auch unvollkommen, fehlerhaft. Sie streben nicht nach Perfektion, vermitteln aber dennoch das Gefühl, irgendetwas von der Welt, der Wirklichkeit begriffen zu haben.

Eine derart definierte Literatur hat etwas Regenerierendes, Belebendes, oder in den Worten des Philosophen Paul Ricoer, sie setzt unsere zerschlissenen Metaphern wieder instande. Sie öffnet Räume. Sie gibt uns etwas zurück, was uns abhanden gekommen ist, als würde man nach langer Krankheit oder einem Zustand der Depression genesen: Die Dinge, die lange nur grau und verschwommen waren, bekommen plötzlich wieder Konturen, Farben. Ein Buch oder einen Text zu entdecken, der diese Anforderung erfüllt, hat etwas mit Glück zu tun.

Oder wie es Italo Calvino einmal formuliert hat:

Manchmal scheint mir, als ob eine Pestepidemie über die Menschheit gekommen wäre und sie gerade in ihrer charakteristischsten Fähigkeit getroffen hätte, das heißt eben im Gebrauch der Wort, eine Pest der Sprache, die sich als Verlust von Unterscheidungsvermögen und Unmittelbarkeit ausdrückt, als ein Automatismus, der dazu neigt, den Ausdruck auf die allgemeinsten, anonymsten und abstraktesten Formeln zu verflachen, die Bedeutungen zu verwässern, die Ausdrucksecken und -kanten abzuschleifen und jeden Funken zu ersticken, der beim Zusammenprall der Sorte mit neuen Situationen entsteht ... Mein Unbehagen betrifft den Verlust an Form, den ich überall konstatiere und dem ich die einzige Abwehr entgegensetze, die ich mir vorstellen kann: eine Idee der Literatur.[18]

„Die Formulierung, im Schreiben gehe es immer um Leben und Tod", schreibt Peter Landerl, „ist mir zu pathetisch. Aber eine Schreibensnotwendigkeit muss schon da sein. Nicht um des Schreibens willen. Eine, die aus dem Leben kommt. Eine, die es ehrlich meint."[19]

Den hunderttausend Neuerscheinungen, die pro Saison erscheinen, die sich zuweilen auch angenehm lesen, die handwerklich gut gemacht, vielleicht auch intelligent und anspruchsvoll sind, ist selten eine Notwendigkeit abzulesen. Wozu sind sie geschrieben worden, nur um dem Leser ein paar unterhaltsame Stunden zu bescheren, oder vor allem, um dem Autor einen Status auf dem Markt, Ruhm und Ansehen zu verschaffen? Worin könnte diese Notwendigkeit der Literatur, ihr Gebrauchswert überhaupt bestehen?

„Kritiker, Literaturhistoriker und sogar die Schriftsteller selbst", heißt es in Heinz Schlaffers 2002 erschienener *Kurzen Geschichte der deutschen Literatur*[20], „werden kaum dem Urteil widersprechen, dass die deutsche Literatur der letzten fünfzig Jahre weder dem Vergleich mit der gleichzeitigen internationalen noch dem mit der früheren nationalen Literatur standzuhalten vermag." Und: „Ein Großteil der heute geschätzten Autoren kommt aus Österreich: Artmann, Bachmann, Bernhard, Handke, Jandl, Jelinek, Mayröcker. Nur hier haben sich bis in die achtziger Jahre hinein lokale Gruppierungen von Autoren gehalten, vor allem in Wien und Graz – auch dies ein Zeichen, dass Schreiben noch eine soziale Bedeutung hat: Je konservativer die Umgebung, desto notwendiger die Provokation."[21]

Literatur braucht also die Enge, die Restriktion, das Verbot. Wie auch die eingangs erwähnten Beispiele zeigen, gedeiht sie am besten und noch immer dort, wo es eng wird, sich existenzielle Ängste und Nöte auftun. Das Minus des Lebens schlägt sich in der Literatur als Plus zu Buche.

Ohne das Verbot, ohne das straff sitzende Korsett der Zivilisation, das einerseits Sicherheit und Ordnung gewährleist, andererseits massiv einengt und zu Ausbruchsversuchen herausfordert, gäbe es keine tragische und keine komische Literatur. Keine Emma Bovary und keine Effie Briest, keine Anna Karenina, die an der Härte der Wirklichkeit zerbrechen. Und auch keine Komödie, die es zumindest für die Zeit der Aufführung erlaubt, sich über die Zwänge der Wirklichkeit zu erheben, in den Wald zu gehen, um dort zum Tier zu werden.

Heinz Schlaffers Theorie zufolge entsteht große Literatur, Weltliteratur, immer in historischen Umbruchzeiten, wo zwei Wertesysteme, das Alte und das Neue, aufeinanderprallen. Weltliteratur entsteht in rückständigen Gesellschaften, die sich an der Schwelle zum Umbruch befinden. Sie entsteht dort, wo sich Individuen mit alten Strukturen, mit alten Moralvorstellungen und Werten herumplagen, die im Lichte der neuen, rationalen Welt keine Berechtigung mehr haben, die einen Ballast mit sich herumschleppen, den sie nicht loswerden können und vielleicht auch gar nicht loswerden wollen. Sie entstand in Österreich des *fin de siecle*, und auch später noch, als man bis in die 1950er Jahre des 20. Jahrhunderts hinein den „Habsburgermythos" beschwor, oder auch an der Schwelle von Renaissance und Barock (Cervantes, Goldoni), wo die alten feudalen Gepflogenheiten wie Fremdkörper in die rationale Welt des Bürgertums hineinragten. Zwei der großen Ikonen der Moderne, Luigi Pirandello und James Joyce, stammen aus damals extrem konservativen Gesellschaften: Sizilien und Irland.

Literatur entsteht in rückständigen Gesellschaften wie in Österreich oder in Italien der Nachkriegszeit, wo sich eine Generation von Autoren an den engen, familiären, katholischen, vormodernen Strukturen des Landes abgearbeitet und daraus Stoff und Energie bezogen hat.

Damit Dichtung geschrieben werden kann, braucht sie Erinnerungen an eine archaische Welt, in der die Aura der Wörter noch nicht völlig durch technische Medien zerstört worden ist; wo noch nicht die Aufklärung des Journalismus, der popularisierten Wissenschaft und des Tauschverkehrs die letzten Reste von Glauben und Aberglauben beseitigt hat; wo jemand, der schreibt, die Mühsal seiner

Befreiung von vorliterarischen Traditionen darstellt, die er dadurch zugleich zerstört und im Gedächtnis bewahrt.[22]

(Zweifellos rührt daher auch der Zauber der Kindheit, den die Literatur immer wieder heraufzubeschwören wusste.)

Und vielleicht ist der Grund, warum in Österreich noch immer ein wenig Literatur im herkömmlichen Sinn entsteht, nicht nur in der österreichischen Förderpolitik, sondern auch darin zu suchen, dass Österreich nach wie vor einen Bodensatz an Rückständigkeit und Altmodischem bewahrt, an dem sich die Autoren abarbeiten können, dass sich in Österreich die postmoderne Medienherrschaft noch nicht völlig durchgesetzt hat.

Literatur und Kunst sind nämlich durch und durch eine Angelegenheit des Bürgertums, das seinen Kampf gegen das Irrationale nicht nur auf der Ebene von Wissenschaft und Technik, sondern eben auch auf dem Literatur und der Kunst ausgefochten hat. Wobei sich die Waagschale mal mehr auf der Seite der aufklärerischen Rationalität wie bei tragischen Formen, mal mehr auf der des Ausbruchs von karnevalistischer und irrationaler Lust wie bei den komischen Formen gesenkt hat.

Dieser Konflikt, dieser Kampf gegen die alten, zu Dämonen gewordenen Götter, der auch der Psychoanalyse zu ihrem literarischen Potential verhilft, hat epische, dramatische Qualitäten. Er sorgt für Dynamik, für die „Zerrissenheit" des Subjekts. Denn das Alte, die alten Moral- und Wertvorstellungen, sind auch verlockend, sie bieten Geborgenheit und Schutz, auch wenn sie im Lichte der Vernunft nicht länger zu halten sind. (Wo sind heutzutage die tragischen, unglücklichen Künstlerexistenzen, die Säufer, die *maudits?*) Statische Zustände hingegen sind kaum darstellbar.

Literatur entsteht privilegiert in der Situation, in der sich diese Zwänge und diese Enge als bereits obsolet und verkrustet offenbaren, sich aber dennoch nicht einfach abstreifen lassen. Sie entsteht aus einem souveränen Bewusstsein, das sich über die Zwänge erhebt. Sie entsteht nicht, wenn die Zwänge als universal und unausweichlich erlebt werden, und schon gar nicht, wenn die Zwänge völlig abgeschafft sind.

Aus diesem ambivalenten Konflikt, dieser Dynamik, speisen sich nicht nur die tragischen „Untergangsgeschichten", sondern auch Ironie und Komik. Ironisiert kann nämlich nie das Neue, Unbekannte werden, sondern immer nur das Alte, Alltägliche, Gewohnte. Daher rührt ihr „spätzeitliche Charakter" sowohl in einem lebensgeschichtlichen als auch in einem kulturgeschichtlichen Sinn. Ironie kommt nur dann zur Anwendung, wann nichts Neues mehr erobert wird, sondern das Alte spielerisch noch einmal angeschnitten wird – ein Umstand, der sich sowohl am Alterswerk mancher Autoren bemerkbar macht, als auch an den Werken literarischer Strömungen am Schnittpunkt zweier Epochen, wo im Lichte des Neuen betont an alten Werten festgehalten wird. (Dass auch die als postmodern bezeichneten Autoren alte Formen wiederholen, weshalb man ihnen zuweilen auch parodistische Absichten unterstellt, offenbart die Gefahr der Ironie: ihren Umschlag ins rein Artistische, Künstliche. An ihrem Tiefpunkt angelangt offenbart sie ihren Charakter der Wiederholung in einem durchaus nachäfferischen Sinn.)

Komisch wiederum sind Personen und Verhaltensweisen, die sich den wechselnden Anforderungen des Lebens nicht anpassen, die kindisch sind, anstelle von rational, vernünftig und erwachsen. Komisch ist, wenn etwas Mechanisches an die Stelle von etwas Lebendigem tritt. Komödien wimmeln vor Menschen, die sich nicht anpassen können, das Neue nicht akzeptieren, sich nicht verändern wollen, das einmal eingeübte Ding stur weitermachen.

Dieser Konflikt ist in der Postmoderne zweifellos fürs erste zum Stillstand gekommen. Nur die Generation der unmittelbar nach dem Krieg geborenen Autoren hat noch Bekanntschaft mit muffigen, von Katholizismus und Faschismus geprägten Strukturen gemacht, an denen sie sich lustvoll und mit Gewinn abgearbeitet hat. Für sie und ein paar Nachgeborene war die Hinwendung zur Literatur nicht zuletzt auch eine Möglichkeit, einen Weg aus der provinziellen Enge des Elternhauses zu finden. Heutzutage hingegen wird kein Jugendlicher ein Buch in der Hoffnung aufschlagen, dort etwas zu finden, was ihm in seinem alltäglichen Leben fehlt. Junge Autoren und junge Leser hatten keine Eltern, die sie zu Sitte, Anstand und Sparsamkeit aufforderten, die sie „wegen der Nachbarn" zwangen, in aller Frühe aufzustehen, die vor Sexualität, Geschlechtskrankheiten und der Schande des unehelichen Kindes warnten. Sie hatten keine Lehrer, die sie beten ließen und Darwin leugneten.

Heute gibt es, zumindest in Europa, keine Diktaturen, denen wir die Stirn bieten müssten, es gibt nichts, woran wir unser Heldentum beweisen können, der Feind, sofern überhaupt einer auszumachen wäre, ist ungreifbar, es gibt keine Widerstände, gegen die man wirkungsvoll rebellieren könnte. Die Medien, ja selbst die Philosophen und Zeitkritiker versichern uns, dass der Mensch noch nie soviel Freiheit hatte (..) Das, was die Künstler von jener für sich in Anspruch nahmen, allerdings um den Preis des Außenseitertums, manchmal der Vernichtung ihrer bürgerlichen Existenz, ist plötzlich kein Ausnahmezustand mehr, sondern das Normale und hörte damit auf, ein begehrenswertes Gut zu sein ...[23]

Was Literatur im herkömmlichen Sinn, wie sie heutzutage allenfalls noch von der Generation der unmittelbar nach dem Krieg Geborenen geschrieben wird, so besonders und faszinierend macht, ist die Freisetzung von befreiender Lust. Einer Lust, deren subversives Potential davon herrührt, dass der Autor – wie beim Witz im Freudschen Sinn – Vorstellungen und Gedankenverbindungen entstehen lässt, deren Bildung beim ihm wie beim Leser „große innere Hindernisse" entgegenstanden. In erster Linie schreibt der Autor (im herkömmlichen Sinn) nämlich nicht gegen einen äußeren, sondern gegen einen inneren Feind, gegen einen Widerstand in sich an, er überwindet Hemmungen, übertritt internalisierte Verbote, setzt sich mitunter über die eigene Scham hinweg. Dieses Überschreiten der Grenze löst beim Leser – sofern er dieselben Dinge als verboten und tabuisiert erlebt wie der Autor – ein ambivalentes Gefühl von Lust und Unbehagen aus.

So sind etwa Elfriede Jelineks Kastrations- und Neidphantasien zum Schreien komisch und zum Speiben grauslich, Thomas Bernhard löst beim Leser eine karnevalistische Lust aus, wenn er die Denkmäler Stifter-Heidegger-Bruckner in den Dreck zieht, genauso wie Werner Kofler, der die „Trauer um den Vater" mit der „Trauer um den Kater" gleichsetzt oder wie Gerhard Rühms Tulpe, die auf den Rasen scheißt.

Auch die von der Postmoderne ursprünglich in den 1960er Jahren des 20. Jahrhunderts erhobene Forderung, die Trennung von E und U aufzuheben (Leslie Fiedlers „Cross the Border, Close the Gap!"), war eine in diesem Sinne lustvolle Grenzüberschreitung – ein vorerst letzter Versuch, die der Dynamik der Kunst unabdingbare Innovation (die Boris Groys[24] als eine Übernahme von Trivialem in den Bereich der Kunst definiert, während das kulturell Valorisierte aufs neue dem profanem Raum anheim fällt) zu gewährleisten. Triviales gibt es natürlich nach wie vor, und auch nicht zu knapp, doch vermag dessen Valorisierung heutzutage weder inneren noch äußeren Widerstand zu mobilisieren. Solange das Triviale nicht verboten, tabuisiert, negativ besetzt ist, gibt der Tausch nicht viel her. Duchamps Urinoir war ein Skandal, Ecos Behauptung, er bediene sich im *Namen der Rose* einer journalistischen Sprache, weil diese den mittelalterlichen Chroniken entspräche, erscheint als müde Rechtfertigung.

Deshalb lesen sich die Romane von Gstrein, Menasse, Glavinic etc. selbst dann gefällig und harmlos, wenn sie von Mord und Totschlag, von perversen Sexualpraktiken und hemmungsloser Eitelkeit handeln – die zu überwindende Hürde ist mittlerweile so niedrig geworden, dass weder Autor noch Leser beim Drübersteigen die Füße heben müssen. Oder wird die Latte absichtlich so niedrig gelegt, weil keiner mehr die Füße heben will?

Erhellend wäre in dieser Hinsicht vielleicht auch eine Geschichte der Schreibmotivationen. Was hätten Bachmann und Jandl auf die Frage: „Warum schreiben Sie?" geantwortet? Was würden Handke und Jelinek antworten?

Für Antonio Tabucchi, einen italienischen Postmodernen, der in seiner Literatur die „mimetische Darstellung der Wirklichkeit durch eine fingierte Welt der Simulation" ersetzt, ist Literatur jedenfalls nur noch ein Spiel. „Ein ernsthaftes Spiel und ein Spiel ohne Einsatz". Es geht um nichts.

Deshalb hat es Literatur heutzutage schwer, trotz der vielen Rettungsringe, die man ihr in Form von creativewriting-Kursen und Stipendien zuwirft. Viele schreiben, immer mehr schreiben, doch ohne erkennbare Notwendigkeit. In dem Augenblick, in dem der Literatur das Potential der Befreiung und der Subversion abhanden kommt, definiert sie sich nur noch über Verkaufszahlen wie jede andere Ware auch.

Anmerkungen

1 Hanns-Josef Ortheil: Die Erfindung des Lebens. München 2009.
2 kolik 35, Wien 2006.
3 Andrea Zanzotto: Poetik. Die Welt ist eine andere. Wien-Basel 2010, S. 70.
4 Süddeutsche Zeitung, 13.10.2009.
5 Ibidem.
6 Anna Mitgutsch: Das Ablaufdatum ist der Motor der Konsumgesellschaft. In: Die Presse.
7 Anna Mitgutsch, ibidem.
8 Zit. n. Peter Landerl: „Alles wird schlechter. Eine Bestandaufnahme des österreichischen literarischen Feldes, ein bisschen fragmentarisch und unstrukturiert." In: kolik 30, Wien 2005, S. 315.
9 So wurde in der Zeitschrift kolik anlässlich eines Verrisses der Gedichte Franz Josef Czernins einmal eine leidenschaftliche Debatte über Versmaße und Versfüße, über weibliche und männliche Endungen, über Hebungen und Senkungen geführt, und darüber, ob man den Daktylus in derselben Verszeile wie den Jambus verwenden dürfe – was wahrscheinlich zum Besten gehört, was ein dem Erwerbsleben entzogenes Medium wie die kolik hervorbringen kann. In: kolik 21, Wien 2002, S. 3ff.
10 Pierre Bourdieu: Über das Fernsehen. Frankfurt am Main 1998, S. 40.
11 Umberto Eco: Apokalyptiker und Integrierte. Zur kritischen Kritik der Massenkultur. Frankfurt am Main 1986, S. 16 ff.
12 Colin Crouch: Postdemokratie. Frankfurt am Main 2009.
13 Siehe dazu Landerl, op. cit.
14 Franz Josef Czernin: Marcel Reich-Ranicki. Eine Kritik. Göttingen 1995, S. 143.
15 Auch die klassischen Vermittler von Bildung stochern – nebenbei bemerkt – nur noch in der Asche herum. Schule macht heutzutage

nur noch Sinn, wo es um die Vermittlung technischer oder kaufmännischer *skills* geht, ansonsten wird Bildungsschrott verhökert, mit dem im Grunde weder Lehrer noch Schüler etwas anzufangen wissen. Literaturvermittlung im Deutschunterricht beschränkt sich auf das Nacherzählen von Inhalten und das zusammenhanglose Zählen von Versmaßen. Um Studenten an der Uni bei der Stange zu halten, liest und analysiert man hingegen Harry Potter.

16 Peter Landerl: Im Supermarkt. In: kolik 46, Wien 2009.

17 Italo Calvino: Sechs Vorschläge für das nächste Jahrtausend. München–Wien 1991.

18 Peter Landerl: Im Supermarkt. In: kolik 46, Wien 2009.

19 Heinz Schlaffer: Die kurze Geschichte der deutschen Literatur. München–Wien 2002.

20 Ibidem., S. 136.

21 Heinz Schlaffer, op.cit.

22 Anna Mitgutsch, ibidem. Erhellend ist in dieser Hinsicht auch, welche Autoren und welche Texte in den 1970er Jahren des 20. Jahrhunderts noch Skandale, Sende- und Publikationsverbote auszulösen vermochten: Die Mundartgedichte Hans Haids, Valie Exports *Unsichtbare Gegner*, Franz Novotnys und Otto M. Zykans *Staatsoperette*, die Zeitschrift *wespennest*, das Buch der Kinderbuchautorin Mira Lobe *Die Räuberbraut*, Werner Koflers zehnminütiger Beitrag über die psychiatrische Klinik „Am Steinhof" in der Collage *Wien-film* von Ernst Schmidt jr., die Darstellung des Kriminalinspektors Kottan, das Hörspiel *Eing'fahren* von E.A. Richter, die „Souffleurkasten"-Reihe des Sessler-Verlags, in der Texte von Peter Turrini und Peter Henisch erschienen ... Zit. n.: Literatur in Österreich. Berlin 1979.

23 Boris Groys: Über das Neue. München–Wien, 1992.

Literatur als Souvenir
Zum Werk Antonio Tabucchis

Stellen wir uns vor: ein Wesen von einem anderen Stern, auf dem ganz andere, für uns unvorstellbare Lebensbedingungen herrschen, landet auf der Erde. Ein Humanoide, schön wie David Bowie als Mann, der vom Himmel fiel, der den Auftrag hat, für seine vom Verdursten bedrohten Artgenossen Wasser nach Hause zu bringen.

Die Mission unseres Aliens ist allerdings viel weniger dramatisch. Auf seinem Heimatplaneten gibt es kaum was zu tun, Arbeit ist ein obsoleter Begriff, deshalb hat er beschlossen, sich die Zeit zu vertreiben und eine kleine Reise zu unternehmen. Wahrscheinlich möchte er sich bloß ein wenig umschauen, um wieder zu Hause ein paar Geschichten zum Besten zu geben.

Der Planet Erde gefällt ihm, er fühlt sich wohl hier, und irgendwann stellt er fest, dass die Menschen etwas hervorbringen, das sich Literatur nennt, und dass sich die in Büchern dargestellte Wirklichkeit zuweilen von der Wirklichkeit unterscheidet, die sich seinen Augen darbietet – von der Wirklichkeit auf seinem Planeten ganz zu schweigen.

Er beschließt, der Sache auf den Grund zu gehen. Da er alle Zeit der Welt hat (Sterblichkeit ist bei ihm zu Hause kein Thema) und weil er sich vielleicht auch ein wenig nach einer Welt sehnt, die so beschaffen ist, dass sie Literatur hervorbringt, besucht er eine Bibliothek nach der anderen und liest die darin aufbewahrten Bücher. Aufgrund seiner überlegenen Intelligenz und weil er ja wie gesagt alle Zeit der Welt hat, ist er in ein paar Jahren mit der sogenannten Weltliteratur fertig. Die phantastischen Dinge, die darin zuweilen vorkommen, faszinieren ihn, obwohl oder vielleicht auch gerade weil er deren Notwendigkeit nicht wirklich nachvollziehen kann. Wahrscheinlich weil auf seinem Planeten jeder tun und lassen kann, was er will, ist es für ihn unvorstellbar, dass ein Wunsch mit so einem starken Verbot belegt sein kann, dass man ihn nur in verschlüsselter Weise äußern kann. Er sieht zwar, dass Literatur und die sichtbare Wirklichkeit nicht immer deckungsgleich sind, kann sich aber absolut nicht vorstellen, worin diese Abweichung – die uneigentliche Rede – ihren Grund haben sollte.

Gerade weil die Sache für ihn so exotisch und faszinierend ist, beschließt er, seinen Artgenossen auf dem fernen Planeten ein Souvenir mitzunehmen: die Literatur. Natürlich ist es ihm unmöglich, alle gelesenen Bücher einzupacken (auch zweifelt er daran, dass seine Freunde und Verwandten dieselbe Mühe auf sich nehmen würden wie er), und da er sich auch nicht darauf beschränken möchte, nur ein paar einzelne Exemplare mitzunehmen, beschließt er, eine Art Zusammenfassung zu schreiben, in der alles vorkommt, was ihm wichtig erscheint, eine Imitation, die dem Original so weit wie möglich entspricht.

Sein Interesse gilt dabei in erster Linie jener Literatur, die die sichtbare Wirklichkeit so darstellt, als würde sie sich auf einer Bühne – wie ein Spiel – ereignen, und die sich zum Zwecke der Entwirklichung einige Kunstgriffe hat einfallen lassen. Eben weil sie durch den ständigen Verweis auf ihre Künstlichkeit und Fiktionalität den Beweis ihrer Literarizität gewissermaßen von selbst mitliefert, scheint sie ihm viel besser geeignet zu sein, seinen Artgenossen auf dem fernen Stern eine Idee von Literatur zu vermitteln. Außerdem wirkt die offene, selbstreflexive Form viel raffinierter und eleganter und hin und wieder auch lustiger als die ernsten, realistischen und tragischen Darstellungen, die sich zuweilen so wenig von der sichtbaren Wirklichkeit unterscheiden, dass man sie geradezu für deren Abbild halten könnte oder sie womöglich gar nicht als Literatur erkennt, weil sie wie eine etwas öde, arglose und naive Art der Dokumentation erscheinen.

Und da unser Alien möglichst alles über Literatur erfahren will und dabei sehr gründlich und methodisch vorgeht, beschäftigt er sich auch auf theoretischer Ebene mit seinem Gegenstand. Bei Friedrich Schiller[1] zum Beispiel liest er, dass die Literatur, die wie ein Abbild der Wirklichkeit wirkt, eine höhere Organisation aufweise, die vergessen mache, dass man es zum Beispiel als Zuseher im Theater mit einer Fiktion zu tun habe, und die gestatte, die künstliche Welt als eine wirkliche zu erleben. Bei Goethe liest er, dass ein Bühnenwerk zwar niemals die Wirklichkeit nachahmen müsse, um den Zuschauer zu überzeugen, sondern eigenen, der Kunst entsprechenden Gesetzen folgen müsse, dass es jedoch Werke wie die Tragödie oder die opera seria gebe, deren höhere Organisation die Künstlichkeit vergessen mache, während andere Gattungen, etwa die zur offenen Form neigende Komödie ebenso wie die opera buffa und die Zauberoper mit ihren desillusionierenden Mitteln, fortwährend an ihre Künstlichkeit erinnerten. Weiters liest er, dass ein tragisches Stück im Akt des Fingierens die „Entblößung der Fiktionalität" nur so weit zulasse, dass sich der Zuschauer von den Fesseln der Wirklichkeit befreit fühlen und sich ganz dem Zauber der geschlossenen Welt des Schauspiels, in dem alle Teile zusammenstimmen, hingeben und das Dargestellte als Quasirealität erleben kann, während die andere, spielerische, selbstreflexiv auf ihren Spielcharakter verweisende Literatur mit ihren offensichtlichen Unwahrscheinlichkeiten diese Art von Hingabe störe. Er liest, dass der Verweis auf die eigene Künstlichkeit und Fiktionalität fester Bestandteil der komischen Gattungen sei, in denen es darüber hinaus vor Unwahrscheinlichkeiten strotze. Und dass die Komödie ein ausdrücklich auf seinen Spielcharakter verweisendes Spiel und damit potenziertes Spiel ist. Kommt ein Spiel im Spiel vor, ist sie Spiel im Spiel im Spiel – ein Verfahren, das an die postmoderne Technik der mise en abyme erinnert, bei der ein Text denselben Text im Maßstab verkleinert noch einmal enthält, der diesen wiederum enthält ... bis am Ende wie bei einer Spiegelflucht nur noch ein winziges Abbild des Originals zu sehen ist – ein Abbild, wie es im Übrigen auch die Lebewesen auf seinem Heimatplaneten erhalten werden.

Und unser Alien, der wie gesagt sehr gründlich und methodisch vorgeht, versucht auch noch den Grund dieses Phänomens zu erforschen. Die höhere Organisation, die ihn wie gesagt auch gar nicht interessiert, sofern er sie überhaupt als Literatur erkennt, gibt ihm weniger Rätsel auf, aber er fragt sich, warum die Menschen Teile ihres Lebens so darstellen, dass sie wie ins Licht einer anderen Wirklichkeit getaucht erscheinen, und bei ihrer Betrachtung höchste Lust zu empfinden scheinen? Er fragt sich, warum spielen sie?

Dabei findet er heraus, dass die Menschen über die Jahrhunderte hinweg an ein Wertesystem, ein Ensemble von äußeren und verinnerlichten Geboten und Verboten gebunden waren, das für ihre Wahrnehmung von Wirklichkeit sorgt, Moral und Rationalität, Ordnung und Sicherheit gewährleistet, von dem sie sich jedoch auch massiv begrenzt und eingeengt fühlen, und dass sie sowohl individuell als auch kollektiv unablässig nach Möglichkeiten suchen, aus diesem Korsett auszubrechen, die Wirklichkeit aufzuweichen, was ihnen einerseits große Lust zu bereiten scheint, andererseits jedoch auch für Verstörung sorgt, weil ihnen auf diese Weise der sichere Boden unter den Füßen weggezogen wird.

Er findet heraus, dass sie nicht nur Literatur hervorgebracht, sondern sich auch sonst noch einige gewaltige Strategien ausgedacht haben, um der Enge und Begrenztheit ihres Daseins zu entfliehen. Er stellt fest, dass sie träumen (er selbst hat noch nie geträumt) und im Träumen Wünsche zum Ausdruck bringen, zu denen sie im Wachzustand keinen Zugang haben, und dass die Ausdrucksformen, die technischen Mittel des Traumes – Verdichtung, Verschiebung und indirekte Darstellung –, jenen der Literatur nicht unähnlich sind. Bei Sigmund Freud[2] liest er, dass zur Aufrechterhaltung der verinnerlichten Werte ein beträchtlicher psychischer Aufwand geleistet werden muss und dass sich die Menschen zum Zweck des Lustgewinns unter anderem auch Witze erzählen, die man als kürzeste und populärste Form der Literatur bezeichnen könnte, wobei Moral und Rationalität kurz und explosionsartig außer Kraft gesetzt werden. Er erfährt, dass der Witz – wie das Komische – Dinge vermischt, die nicht zusammengehören, innere und äußere Hierarchien aufhebt, die Welt auf den Kopf stellt. Und dass die intellektuelle Leistung des Witzes und des Komischen nicht der gängigen Vernunft und Logik, sondern einer kindlichen, infantilen Logik entspräche und dass Freud im Falle des Witzes oder des Kalauers sogar von einer Minderleistung der Denkfähigkeit spricht, weil es eben einfacher sei, von einem eingeschlagenen Gedankenweg abzuweichen, als ihn festzuhalten, Unterschiedenes zusammenzuwerfen, als es in Gegensatz zu bringen, oder bei der Zusammenfügung von Worten oder Gedanken von der Bedingung abzusehen, dass sie auch einen Sinn ergeben sollen.

Weiters findet er heraus, dass die Lust, auf eine kindliche Stufe des Denkens zurückzukehren, auch bei Festen zum Tragen kommt, bei denen die Menschen (zuweilen mithilfe von toxischen Substanzen) versuchen, die Welt und alle geltenden Hierarchien auf den Kopf zu stellen, und dass diese Feste auf das Phänomen des mittelalterlichen Karnevals zurückgehen. Bei Michael M. Bachtin[3] liest er, dass die Menschen im Mittelalter gleichsam zwei legalisierte, aber durch strenge Zeitgrenzen getrennte Leben führten: ein ernstes, düsteres, streng hierarchisch geordnetes, von Furcht, Dogmatismus, Ehrfurcht und Pietät erfülltes offizielles Leben und ein zweites, karnevalistisches Leben: frei, voll von ambivalentem Lachen, von Gotteslästerung und Profanation, von unziemlichen Reden und Gesten, von familiärem Kontakt aller mit allem. Er liest, dass zur Zeit des Karnevals sowie an allen Festtagen alle Trennungen und Gegensätze aufgehoben waren. Der Tod wurde zum Lebensspender, das Ende zum Anfang. Alles, was durch die hierarchische Weltanschauung außerhalb des Karnevals verschlossen, getrennt, voneinander entfernt war, ging karnevalistische Kontakte und Kombinationen ein. Das Geheiligte vermengte sich mit dem Profanen, das Hohe mit dem Niedrigen, das Große mit dem Winzigen, das Weise mit dem Törichten.

Er liest, dass diese Tradition nach dem Niedergang der mittelalterlichen Lachkultur in der von der Aufklärung geschmähten Volkskomödie und in der Operette weiterlebte und dass ihr letzter Widerhall auf Jahrmärkten und im Zirkus, in der Figur des Clowns, zu finden sei.

(Fraglich, wenn nicht gar auszuschließen, ist, dass unser Alien auch einen jener Autoren, etwa Hermann Broch[4], gelesen hat, die darauf hinweisen, dass der Triumph des Kindlichen und Infantilen, das – erwachsene Ethik und Rationalität außer Acht schlagend, sich Sprache und Wirklichkeit untertan machend – nicht nur in der Fröhlichkeit des Karnevals, sondern auch in größenwahnsinnigem Sadismus, Zynismus und schwärzestem Kitsch münden kann. Für Broch, demzufolge Kunst automatisch zu Kitsch wird, wenn sie sich aus dem leitenden Wertesystem herauslöse, war Nero, der das von ihm angezündete Rom als ästhetisches Phänomen, als Kunstwerk, als Schauspiel genoss, der Kitschmensch par excellence.)

Mit diesem Bildungsgut (und noch einigem mehr) im Gepäck macht sich unser Alien mit dem Aussehen David Bowies also daran, sein Projekt zu verwirklichen und ein Werk zu verfassen, das den Bewohnern seines Heimatplaneten eine Idee davon geben soll, was Literatur ist.

Er hat alles verstanden, er weiß, wie es geht. Er weiß, er muss Teile der sichtbaren Wirklichkeit darstellen, diese jedoch auf eine Weise verfremden und entwirklichen, dass sie wie ein Spiel wirken, was bei seinen Lesern entweder große Lust oder Verstörung auslösen wird. Er muss ein Spiel inszenieren, das Kerne der Wirklichkeit enthält, und mithilfe ausgewiesener Techniken immer wieder darauf hinweisen, dass es sich „nur" um ein Spiel – und somit um Literatur – handelt.

Aber es ist ihm unmöglich, über seinen Schatten zu springen, der darin besteht, ein Wesen von einem anderen Stern zu sein. Auch wenn die auf seinem Heimatplaneten geltenden Bedingungen im Grunde für uns unvorstellbar sind, so ist doch anzunehmen, dass sein Leben dort völlig frei und ungezwungen ist. Er hat keine Ahnung von dem straff sitzenden Korsett der Zivilisation, das die Menschen jahrhundertelang eingeengt hat, weshalb er auch nicht den tiefen Wunsch verspürt, es zu sprengen. Er will es nur sprengen, oder zumindest so tun, als würde er es sprengen, um den Bewohnern seines Sterns zuliebe den Effekt der Literatur hervorzurufen, nicht um selbst die Wohltat oder die subversive Lust zu spüren, sich von den Zwängen der Realität befreit zu haben.

Er wendet eine Reihe von Techniken an, die sich bewährt haben, die Wirklichkeit spielend aufzuweichen, wobei er die Schraube immer fester dreht, die Dosis erhöht. Er stellt Menschen dar, die nicht leben, sondern spielen, er inszeniert das karnevalistische Lachen, dem Wahrheit und Lüge eins sind, er verweist auf die Fiktivität alles Erzählten – ein Verweis, der im metaleptischen Sprung nicht nur die erzählte Wirklichkeit, sondern auch den Leser zur Fiktion erklärt.

Sein Werk inszeniert die Universalität des Spiels, des Karnevals, verliert jedoch die Wirklichkeit, von der sich Spiel und Karneval abheben und ihre Notwendigkeit beziehen, aus den Augen. Er zeigt Techniken vor, mit deren Hilfe sich die Wirklichkeit aufweichen lässt, die aufzuweichende Wirklichkeit bleibt jedoch ein leerer Schemen, beziehungsweise die Notwendigkeit ihrer Aufweichung wird nicht spürbar. Da er sich von dem Ort aus, an dem er schreibt, nicht vorstellen kann, welche Wirklichkeit so brisant oder verboten sein könnte, dass man sie nur entschärft im Spiel genießen kann, hat er nicht wirklich eine Idee, welchen Inhalt er als Spiel verpacken sollte. Die klassischen Inhalte der auf ihren Spielcharakter verweisenden Literatur – Rollentausch und Partnerwechsel – sind für ihn bedeutungslos, andere bieten sich nicht zwingend an. Deshalb zitiert er die überkommenen Inhalte, er zeigt vor, wie es geht, er erstellt eine Gebrauchsanleitung, eine Art Metaliteratur, die zwar den Mechanismus der auf ihren Spielcharakter verweisenden Literatur hervorragend herauspräpariert, dem Leser jedoch die Lust vorenthält, sich straflos gewisse Genüsse zu verschaffen, worin Freud eine Funktion der Literatur erkannte. Das Ergebnis seines Schreibens ist vergleichbar mit einer Verpackung ohne Inhalt, mit einer hübschen Schachtel, in der nichts drin ist.

Das Resultat dieses Versuches könnte aussehen wie das Werk Antonio Tabucchis: wie das Echo der Literatur oder das Resultat einer mehrere Jahrhunderte und mehrere Sprachen umspannenden Übersetzung, die sich, so elegant sie auch sein mag, gezwungen sieht, die „Fruchtgestalt des Kunstwerks", das Natürliche, aufzugeben, und die „ihren Gehalt wie ein Königsmantel in weiten Falten, wie etwas Künstliches umschließt: unangemessen, gewaltig und fremd"[5].

Spielen um des Spielens willen

Antonio Tabucchis Werk entsteht auf der Folie von Poetiken, die explizit darauf verweisen, dass sie Literatur und in weiterer Folge auch das Leben als Spiel und Fiktion begreifen beziehungsweise inszenieren. „Das Leben ist ein Traum, das Leben ist ein Theaterstück, das Leben ist ein Zirkus."[6]

Der Bogen spannt sich dabei vom Barock[7] über die Ästhetik der Jahrhundertwende (in Gestalt des in Tabucchis Werk omnipräsenten und als Idol unablässig heraufbeschworenen portugiesischen Dichters Fernando Pessoa) bis hin zum postmodernen Jorge Luis Borges, dessen Diktum „Wir träumen nicht nur unser Leben, sondern werden auch von ihm geträumt" für Tabucchis vorerst letzten Roman, „Tristano stirbt" (worin ein sterbender Widerstandskämpfer einem Schriftsteller seine Autobiografie in die Feder diktiert, die von diesem bereits geschrieben wurde), Pate gestanden haben könnte.

Das Spiel ist meiner Meinung nach die Grundlage jeder Kunst. Die Kunst ist ein ernsthaftes Spiel und gleichzeitig ein Spiel ohne Einsatz", sagt Antonio Tabucchi, „denn in der Kunst spielt man nicht, um zu gewinnen oder zu verlieren, sondern um des bloßen Spielen willens. Selbst jene Autoren, die Literatur als Gesellschaftskritik betreiben, beschreiben etwas, beziehungsweise stellen etwas dar. Anstelle jemandem eine Ohrfeige zu geben, schreiben sie das Wort Ohrfeige. Selbst die, die sich in ihrer Literatur politisch engagieren, tun dies auf metaphorische Weise. Sie organisieren keinen Streik, sondern beschreiben einen. In diesem Augenblick beginnt das Spiel.[8]

Einmal abgesehen davon, dass nicht jede Literatur sich – trotz des ihr inhärenten Spielcharakters – darauf beschränkt, ausschließlich Spiel zu sein, darf auch nicht übersehen werden, dass es sich im Fall der Barockdichtung und der Literatur der Jahrhundertwende[9] und letztendlich auch bei Tabucchis Werk nur um eine strukturelle, oberflächliche Ähnlichkeit handelt, unter der sich unterschiedliche Weltanschauungen verbergen.

Das in der Barockdichtung beliebte kunstvolle Verwirrspiel von Sein und Schein basiert auf dem christlichen Jenseitsglauben, wonach das Diesseits als bloßes Trugbild erscheinen mag. Dem Barock ging es nicht darum, die Wirklichkeit zu sichern, sondern sie zu erschüttern, nicht um noch auch dem Schein Wirklichkeit zu verleihen, sondern um auch die Wirklichkeit in Schein zu verwandeln. Die Verwandlung der Wirklichkeit führt dem Zuschauer vor, dass das, was wir für Wirklichkeit halten, bloß Schein ist, oder wie Calderóns göttlicher Schöpfer es ausdrückt: „Das Handeln des Menschen besteht darin, eine Vorstellung zu geben, auch wenn er denkt, es sei Leben …"

Das Theater der Renaissance und später noch mehr der Klassik und der Aufklärung vertritt im Gegensatz dazu ein betont anthropozentrisch ausgerichtetes Weltbild. Es führt den Menschen als ein rationales, sich selbst bestimmendes, autonomes, der Welt gegenüberstehendes Wesen vor, während die auf der barocken Bühne demonstrierte Durchlässigkeit aller Grenzen (oben und unten, Geist und Körper, Verstand und Gefühl, innen und außen, Spiel und Wirklichkeit) der dualistischen Weltanschauung des aufgeklärten Zeitalters diametral gegenüberstand und eine Bedrohung des mühsam aufrechterhaltenen Autonomieanspruchs darstellte.

Die Attraktivität dieser als Komödien bezeichneten Werke liegt darin, dass sie sich über die Gesetze der Wirklichkeit beziehungsweise der Natur erheben können. Die Zuschauer genießen während der Zeit der Aufführung, dass Schein und Täuschung über die Wirklichkeit triumphieren. In einer Komödie können die tollsten Verwicklungen, die unwahrscheinlichsten Zufälle vorkommen, in einem Zaubermärchen greifen übernatürliche Wesen ins Leben der Menschen ein. Das auf diese Art von Unterhaltung eingestellte Publikum gibt sich diesen Unwahrscheinlichkeiten glücklich hin, es ist bereit, sie zu glauben, ohne sie je für Wirklichkeit zu halten, denn Zaubermärchen, Possen und Farcen machen aus ihrer Künstlichkeit keinen Hehl. Sie sind ungeniert künstlich und bekennen sich offen zur Sphäre des Spiels.

Während für Calderón und das barocke Theater beim Spiel mit dem Spiel noch die Formel galt, dass Schein und Sein selbst im größten Taumel metaleptischer Sprünge schlussendlich, notfalls durch das Eingreifen des Dichters auf der Bühne, trennbar sind, verfolgt das Theater und im weiteren Sinn die Literatur am Beginn der Moderne das Ziel, die Grenzen zwischen „Schein" und „Sein" selbst als kulturelle Wunschphantasie zu denunzieren. Der Wegfall der symbolischen Ordnung reduziert die Menschen der Jahrhundertwende zu Akteuren in einem Schauspiel, dessen Autor verzweifelt gesucht wird. Die Aufweichung der Wirklichkeit birgt nunmehr weniger das Potential der Komik denn das der Verstörung.

Schnitzler etwa geht es darum, „die Theatralität menschlichen Umgangs mit gesellschaftlichen Zeichenordnungen schlechthin zu decouvrieren und solcherart den Topos des theatrum mundi vom metaphorischen Modell ‚Theater' aus auf eine Rhetorik der Theatralität hin zu überschreiten, die im Rahmen und unter den Voraussetzungen des Theaters als schöner Kunst eine Zeitdiagnose lanciert: diejenige nämlich der Untrennbarkeit von Spiel und Wirklichkeit, eine Diagnose, mit der Schnitzler bereits die Voraussetzungen für die Simulationsontologie der Postmoderne beschreibt"[10].

Bei Tabucchis Idol Fernando Pessoa wiederum fallen „Wahrhaftigkeit" und „Fiktion" auf einen Punkt zusammen. Seine Wahrhaftigkeit besteht darin, zu sagen: „Ich fingiere Wahrhaftigkeit." Einmal abgesehen davon, dass er, der seinen Lebensunterhalt als kleiner Angestellter verdient, zahlreiche mit eigenen Biografien und individuellen literarischen Ausdrucksmöglichkeiten ausgestattete Heteronyme konstruiert, findet er seine höchste Wahrheit in der Verneinung jeglicher subjektiver Wahrnehmung: „In meiner Annahme, daß ich fühle, durchlebe ich Schmerz und Angst." Oder: „Der Poet verstellt sich, täuscht/so vollkommen, so gewagt/ daß er selbst den Schmerz vortäuscht, der ihn wirklich plagt."[11]

Übertroffen wird die Diagnose, wonach wir immer spielen, „und wer es weiß, ist klug", nur noch durch die postmoderne Behauptung, dass wir unser Leben nicht nur träumten, sondern von ihm geträumt würden. In *Partielle Magie im Don Quichotte* fragt sich Jorge Luis Borges:

Warum beunruhigt es uns, daß Don Quichotte Leser des Quichotte, Hamlet Zuschauer des Hamlet ist? Ich denke, die Ursache herausgefunden zu haben: solche Inversionen legen nahe, daß wenn die Figuren einer Fiktion Leser oder Zuschauer sein können, wir, ihre Leser oder Zuschauer, fiktiv sein können.[12]

So weit ein sehr verkürzter Abriss der autoreflexiv auf ihren Spielcharakter verweisenden Literatur. Außer Frage steht, dass sie über die Jahrhunderte hinweg ihre Aufgabe erfüllt hat, Zeitdiagnose zu sein, dahingestellt muss bleiben, ob sie so weiterentwickelt werden kann, dass sie auch weiterhin als Zeitdiagnose taugt. Tatsache ist, dass sie mittlerweile als fertiges Spielmaterial vorliegt, als Fundus, aus dem sich die Trivialliteratur bis hin zur anspruchsvollen Kinderliteratur bedient (man denke zum Beispiel an Cornelia Funkes *Tintenherz*, wo Figuren aus einem Roman „herausgelesen" werden).

Auch Antonio Tabucchi benutzt und zitiert sie in der Hoffnung, der Einsatz ihrer bewährten Techniken würde auch die Metaphysik, auf deren Boden sie gewachsen ist, neu beleben. Er setzt Signale, er präpariert den Mechanismus der autoreflexiv auf ihren Spielcharakter verweisenden Literatur heraus, Komik beziehungsweise Schrecken oder Verstörung stellen sich dabei allerdings nicht ein. Ein Verdacht drängt sich auf: Sollen sie sich vielleicht gar nicht einstellen, sind sie vielleicht gar nicht erwünscht, wären derart heftige Erschütterungen vielleicht sogar störend für einen Autor und dessen potentielle Leser, deren einziger Wunsch darin besteht, das Herz der Kultur schlagen zu hören? Für einen Autor, der seinen Artgenossen auf dem fernen Stern bloß eine Idee vermitteln möchte, wie Literatur funktioniert?

Antonio Tabucchi bedient sich ausgiebig aus dem Fundus der vorgefertigten Literaturteile. Die Signale sind so deutlich, dass sie selbst bei bestem Willen (auch von Unkundigen) nicht übersehen werden können. Kaum eine Äußerung, die nicht das Etikett „Literatur, Abteilung autoreflexiv auf ihren Spielcharakter verweisende Literatur" trüge.

Bezeichnend in dieser Hinsicht ist schon die Tatsache, dass Tabucchi fast jedem seiner Werke ein Vorwort oder Nachwort voranstellt (laut Gérard Genette eines der Instrumente der auktorialen Kontrolle, die darin bestehe, dem Leser eine hausgemachte, durch die Absicht des Autors definierte Theorie aufzudrängen, die als sicherer Schlüssel zur Interpretation präsentiert wird)[13], das mit dem Leser einen regelrechten „Fiktionsvertrag"[14] abschließt. Wie der Schauspieler in der Komödie, der sich beim „Beiseitesprechen" direkt ans Publikum wendet und somit den Spielcharakter des Bühnengeschehens offenkundig macht, tritt Tabucchi als Autor vor seine Geschichten und weist auf ihren fiktiven, spielerischen Charakter hin.

Im Sommer des Jahres soundso befand ich mich in der Landvilla eines Freundes, es war heiß und ich langweilte mich, und da flogen mir diese Geschichten zu, die viel einem Foto oder der Lektüre von Autor Soundso verdanken. Es sind Geschichten, die ein lehrreiches und stichhaltiges Anderswo ausspielen gegen unser unumgängliches Wo.[15]

Schwellen werden markiert, die es gestatten, vom Reich der Wirklichkeit in jenes des Spiels, des Traums, der Irrationalität überzusetzen. „Wir öffnen eine Kellertür in unserem Inneren, schlüpfen hinein und finden ein neues Universum."[16] Auch der Zufall – „und zufällig, rein zufällig begann er ..." – und das Auftreten von Doppelgängern erfüllen diese Funktion.

Und es wimmelt von Unwahrscheinlichkeiten, von Wesen, die direkt einem Zaubermärchen oder der romantischen Literatur entsprungen zu sein scheinen. Tote treten auf und unterhalten sich mit Lebenden, der Ich-Erzähler des *Lissaboner Requiems* trifft seinen noch jungen Vater (der auch in der Wirklichkeit der Erzählung bereits verstorben ist,) sowie einen toten Dichter, eine Seelenwanderung in dem Roman „Es wird immer später" hebt Zeit und Raum auf, und die Darstellung des Bösen wird Dämonen und „schwarzen Engeln" anvertraut. Über den gleichnamigen Erzählband[17] sagt Tabucchi:

In jeder Erzählung gibt es einen schwarzen Engel, der entweder dem schlechten Gewissen des Protagonisten oder einer hinterhältigen Person entspricht, auf dessen Geheiß Böses getan wird. Alle Geschichten haben das schlechte Gewissen zum Thema, böse Gedanken, die Frage, warum man sich für das Böse im Leben entscheidet.[18]

Spiele im Spiel werden inszeniert, etwa in Form einer

Erzählung, die sich als nacherzählter Filmplot entpuppt – eine Methode, die nicht nur in der klassischen Komödie als Potenzierung des Spiels, sondern auch in der Postmoderne als mise en abyme bekannt ist.

Reinste mise en abyme ist auch das *Indische Nachtstück*[19], das eine Reise durch Indien erzählt, allerdings nur um den Nachweis zu erbringen, dass das Erzählte Erfindung des Ich-Erzählers – Fiktion – ist. Das *Indische Nachtstück* versucht – zum wievielten Mal in der Literaturgeschichte? – vorzuführen, dass Literatur ein hermetisches Spiel im Spiel ist und auf keinerlei Wirklichkeit außerhalb ihrer selbst verweist. Der Ich-Erzähler, der gerade eine Reise durch Indien absolviert hat, wo er einen dort verschollenen Freund zu finden hoffte, erzählt bei einem Abendessen mit einer schönen jungen Frau, er schreibe gerade einen Roman, der davon handle, dass jemand durch Indien reise, wo er einen dort verschollenen Freund zu finden hoffte.

Wiederholung ja, Parodie nein

In der Sekundärliteratur wird des Öfteren auf das parodistische Element in Tabucchis Literatur hingewiesen, womit die Unterstellung der absichtsvollen Wiederholung bestätigt wäre, wenn auch unter dem Aspekt der gewollten Ironisierung. „Der Autor bedient sich in seiner fiktiven Autobiografie (dem ‚Lissabonner Requiem‘) des postmodernen Textverfahrens einer ebenso zelebrativen wie parodistischen Inszenierung, sodass die genannten Darstellungen zu einer quasi theatralischen Inszenierung Pessoas und seiner selbst geraten."[20]

Tatsächlich schreibt Tabucchi im Vorwort zum *Lissa-*

bonner Requiem, der Roman sei eine Totenmesse, der es an Feierlichkeit mangele.

Um die Wahrheit zu sagen, habe ich es vorgezogen, meine Musik nicht mit der Orgel zu spielen, einem Instrument, das zu Kathedralen passt, sondern mit einer Mundharmonika, die man in die Tasche stecken kann, oder mit einer Drehorgel, die man über die Straße schiebt. Wie Drummond de Andrade habe ich immer billige Musik geliebt ...[21]

Also mit einem unpassenden, weder der Würde des Anlasses noch dem künstlerischen Vorbild (das zweifellos die Auflagen der Schillerschen „höheren Organisation" erfüllen würde) entsprechenden Instrument, das die Partitur notwendigerweise verflacht und dadurch ins Parodistische, Karikaturhafte zieht.

Doch warum stellt sich bei Tabucchi trotz der unterstellten und vielleicht auch gewollten parodistischen Absicht niemals der Effekt des Komischen ein, während bei Nestroys Tannhäuser-Parodie wahre Lachstürme ausbrechen, wenn das Motiv des Pilgerchors auf der Knopferlharmonika ertönt?

Zweifellos weil das Theaterpublikum den Anspruch an die hohe Kunst, dessen Aufrechterhaltung beträchtliche Mühe erfordert, nicht dauerhaft, sondern nur vorübergehend aufgibt – eine lustvolle Ersparnis, die wie beim Witz in Lachen abgeführt wird –, während im Falle von Tabucchis *Lissabonner Requiem* die Originale (die klassische Musik sowie der unablässig heraufbeschworene Fernando Pessoa) nur als Name, nicht als aufrechtzuerhaltender Anspruch präsent sind. Trüge der Roman einen anderen Titel und würde nicht im Vorwort explizit darauf hingewiesen, käme man nie auf die Idee, dass er sich auf diese Vorbilder bezöge. Der für eine echte Parodie notwendige Hintergrund, die hohe Kunst, die man ironisieren kann, weil es lustig – lustvoll – ist, den mit ihr verbundenen Anspruch kurzfristig aufzugeben, ist nur als Name – Namedropping – präsent.

So liegt der Verdacht nahe, dass die strukturelle Ähnlichkeit (die Wiederholung, die Vermischung von hoch und niedrig) einer ganz anderen Dynamik entspringt. Denn während beim Witz und der echten Parodie das Korsett der Wirklichkeit nur vorübergehend gesprengt wird und die Hierarchisierung beim Verlassen des Theaters schon wieder gilt, hat der Verweis auf das Original bei der „falschen Parodie" vielmehr den Charakter der hoffnungsfrohen Imitation. Die „billige Musik" soll durch den Verweis auf das Hohe geadelt werden. Die Hierarchie wird zwar insgeheim anerkannt (das Requiem und Pessoa sind die Originale), doch der Unterschied zwischen ihnen und der „billigen Musik" soll zum Verschwinden gebracht werden. Und zwar nicht kurzfristig, sondern auf Dauer.

Kinderfasching

Im *Lissabonner Requiem*, das eben nicht mit der würdevollen Schwere einer Totenmesse, sondern mit der tänzerischen Leichtigkeit eines Chansons daherkommt, inszeniert Tabucchi seinen eigenen Privatkarneval. Der Ich-Erzähler, der sich in einem portugiesischen Landhaus befindet und das Geschehen eigenen Angaben zufolge mit offenen Augen träumt oder halluziniert, läuft an einem glühend heißen Sommertag durch Lissabon und verabredet sich an öffentlichen Plätzen (wo für gewöhnlich der Karneval stattfindet), in Hotels, in Restaurants und auf dem Friedhof, mit „Gespenstern", er trifft Schemen toter Freunde und Verwandter sowie eine Reihe anderer grotesker Gestalten (einen Kopisten, der Details aus den Gemälden von Hieronymus Bosch abmalt, einen Transvestiten), mit denen er sich unterhält und denen er ein Geheimnis zu entreißen versucht, das für sein Weiterleben und sein Seelenleben offenbar von großer Wichtigkeit ist.

Explizites Thema des *Lissabonner Requiems* ist die Verkleidung, die Travestie. Jeder möchte etwas anderes, vermeintlich was Besseres sein, der Akt der Idealisierung wird jedoch als derart brüchig und unvollkommen dargestellt, dass die Verkleidung beziehungsweise die Maskierung stets erkennbar bleibt, wenn nicht gar einen eigenen, überlegenen Wert darstellt.

Antonio Tabucchi erklärt, dass er gerne Fernando Pessoa wäre, das Lacoste-Leibchen, das der Ich-Erzähler auf einem Zigeunermarkt kauft, ist eine Imitation der Markenware, der verkleidete Mann ist keine Frau, sondern ein Transvestit, dem Maler, den er im Museum trifft, mangelt es an Inspiration, weshalb er seit zehn Jahren Details aus Gemälden von Hieronymus Bosch kopiert (wobei die Chimären aus Boschs Gemälden, die Vermischung von menschlichen, tierischen und pflanzlichen Strukturen durchaus als „grotesker Leib" im Sinne des karnevalistischen Empfindens verstanden werden können). Die Kopien verkauft er mit großem Erfolg an einen amerikanischen Millionär namens Jeff Silver (was für ein Name, wie aus einem Groschenroman!), der seine Villa bereits mit Unmengen monströser Details aus Boschgemälden vollgerammelt hat.

Die Erzählung ist unterlegt mit dem für Tabucchi so typischen Gefühl der Schuld, dem Gefühl, in der Vergangenheit irgendetwas falsch gemacht, einen Fehler oder ein Versäumnis begangen zu haben, dessen Folgen korrigiert oder aufgehoben werden sollten. War da etwas, das man anders hätte machen sollen? Gibt es etwas, das man versäumt oder verabsäumt hat?

Die erste Begegnung findet mit dem Gespenst eines alten Freundes, Tadeus statt, einer Art „Doppelgänger" (oder Spiegelbild) des Ich-Erzählers, der alle „bösen" Eigenschaften auf sich vereint. Er ist zynisch, macht sich über die Wirtin eines Restaurants, eine „anständige" Frau, lustig und ist offenbar am Selbstmord einer gemeinsamen Freundin schuld, die ein Kind hat abtreiben lassen, dessen Vater entweder er oder der Ich-Erzähler war.

Von seinem verstorbenen Vater, der ihm als junger Mann im Matrosenanzug gegenübertritt, lässt er sich beteuern, dass er alles Menschenmögliche unternommen hat, um ihm in seiner Krankheit und bei seinem Sterben beizustehen, und den toten Dichter (Fernando Pessoa), den er am Ende der Erzählung in einem postmodern gestylten Restaurant trifft, in dem ein Transvestit bedient, bittet er, er möge ihm doch ein paar erhellende Hinweise in Bezug auf seine Kindheit und seine Poetik geben. Überflüssig festzustellen, dass es keine Antworten auf die bohrenden Fragen gibt. Der berühmte Dichter, dem in frühester Kindheit bekanntlich viel Tragisches zugestoßen ist, beteuert geradezu, eine glückliche Kindheit gehabt zu haben.

Glauben Sie mir, ich hatte eine glückliche Kindheit, glauben Sie mir, mein Vater ist zwar gestorben, aber das habe ich kaum bemerkt, ich habe einen neuen Vater gefunden, einen guten und schweigenden Mann, er war kein Vater, er war ein Symbol, es ist schön, mit Symbolen zu leben ...

In Abwesenheit aller schmerzlichen Gefühle, die an Trauer, Abschied oder die eigene Sterblichkeit gemahnten (Trauer und Melancholie sind hier vielmehr „schöne", ästhetisierte Gefühle, wie auch die Existenz von „Gespenstern" ein heiteres Weiterleben nach dem Tode suggeriert), könnte das *Lissabonner Requiem* allerdings genauso gut eine Geburtstagsfeier wie eine Totenfeier sein (was dem karnevalistischen Empfinden zufolge ohnehin ein und dasselbe wäre: Mit jedem Geburtstag rücken wir dem Tod ein Stück näher). Außerdem wird ausführlich gegessen, was sowohl der Vorgabe des Geburtstagsfestes als auch dem des Leichenschmauses entspräche.

Eine Geburtstagsfeier, in deren Verlauf dem angetagten Geburtstagskind zu Ehren ein Theaterstück aufgeführt wird, bei dem Stationen aus dessen Leben leicht idealisiert und ins Humoristische verkehrt nachgespielt werden. (Der Eindruck kommt nicht von ungefähr. Immerhin sind dem *Lissabonner Requiem* die Dramatis personae vorangestellt.)

Der Autor beziehungsweise der Ich-Erzähler lehnt sich also auf seinem Landgut gemütlich in seinem Lehnstuhl zurück und lässt sein Leben Revue passieren, genießt es wie ein Theaterstück als ästhetisches Phänomen. Das eigene Leben wird zelebriert und gleichzeitig ins Folgenlose, Harmlose gezogen. Denn wer möchte sich an seinem Jubeltag an die wirklich unangenehmen Dinge erinnern?

„Adieu und allen eine gute Nacht", sagt der Ich-Erzähler, nachdem der Spuk vorbei ist und er wieder auf sein Landgut und gewissermaßen in seinen Körper zurückgekehrt ist. „Ich legte den Kopf in den Nacken und betrachtete den Mond." Was wohl bedeuten soll, dass es kein Entrinnen aus dem Spiel, aus dem Universum der ästhetischen Phänomene, des Scheins gibt, denn was ist der Mond anderes als ein durch hundertfachen Gebrauch verkitschtes Symbol?

Mit dem *Lissabonner Requiem* hat Antonio Tabucchi einen Roman vorgelegt, der nicht nur von der Kritik als „klassisches postmodernes Werk" bezeichnet wurde, sondern auch die Baupläne eines solchen offenlegt[22]: Man pinsele Details aus einem anerkannten Kunstwerk ab und verkaufe die Imitationen teuer und ungeniert an einen reichen Trottel, der keine Ahnung von Kunst hat – unter dem legitimierenden Vorwand, dass die Kopie dem Original (dem von der postmodernen Theorie ohnehin die Existenz abgesprochen wird) bei weitem überlegen ist.

Cornelia Klettke zufolge geriert sich der postmoderne Autor hinter der Maske der Schöpfergestalten in der Rolle des lusor, der den Text als Spiel simuliere:

In ironischer Verstellung täuscht er mit seinen Trugbildern eine Illusionswelt vor. Der Text wird zur ironisch-parodistischen Inszenierung, die zugleich eine Selbstinszenierung ist. An die Stelle der Repräsentation tritt die ‚maskierte' Zurschaustellung und damit die Präsentation beziehungsweise die Selbstpräsentation, die auch zur freilich ironischen Selbstzelebration geraten kann, ohne dass der Autor je mehr als etwas Belangloses von sich preisgeben würde. Im Spiel von Verhüllung und Enthüllung trägt die Selbstpräsentation des Autors exhibitionistische Züge, wobei der Leser nolens volens in die Rolle des Voyeurs gedrängt wird. Er wird jedoch getäuscht, da die Zurschaustellung paradoxerweise nur eine Verhüllung ist. Das Verfahren der Selbstinszenierung gestattet dem Autor die Zwielichtigkeit, das kalkulierte Versteckspiel mit der Unaufrichtigkeit, der Lüge, dem Betrug, dem Verrat. Der Autor gefällt sich in den Rollen des ‚Fallenstellers', ‚Falschmünzers' und ‚Verführers'.[23]

In alltäglichen Worten hieße das, dass der postmoderne Autor zwar gerne auf der Bühne steht, dort allerdings nichts herzuzeigen hat, außer dass er eine Maske trägt,[24] wobei der Maske eine ungeheuere Bedeutung und Wertschätzung zuzukommen scheint. Die Maske ist mehr wert als der Träger, sie adelt ihn, sie stellt ihn auf dieselbe Stufe mit dem Idol. Es reicht, eine Maske, ein Ideal vor sich herzutragen, ein Idol zu haben, dann erübrigt es sich offenbar, Taten folgen zu lassen, die des Idols würdig wären (etwa ein dem Idol ebenbürtiges, eigenständiges Werk zu schreiben).

Antonio Tabucchi kann sich also zur Gänze darauf beschränken, Fernando Pessoa als sein Idol zu erkennen zu geben. Das ganze *Lissabonner Requiem* steuert ja einzig und allein auf die Begegnung mit dem bedeutenden Dichter zu, es beginnt im Gedanken an ihn („Ich dachte: Der Typ kommt nicht mehr. Und dann dachte ich: Ich kann ihn doch nicht ‚Typ‘ nennen, er ist ein großer Dichter, vielleicht der größte Dichter des zwanzigsten Jahrhunderts, inzwischen ist er seit vielen Jahren tot, ich muss ihn mit Respekt behandeln, besser gesagt, mit höchstem Respekt.") und endet mit dem ersehnten Treffen auf der Hafenmole. Der Rest kann durchaus als ausschmückendes Beiwerk, als hinauszögernde Vorlust verstanden werden. Mit der entwaffnenden Offenheit eines Kindes, das sich im Fasching als Prinzessin oder als Batman verkleidet (ist ja auch nichts Böses!), sagt Tabucchi: Ich möchte sein wie Pessoa. Oder sogar: Ich bin wie Pessoa. Oder noch dreister: Ich bin Pessoa.

Wurde das *Lissabonner Requiem* im Original deshalb nicht auf Italienisch, sondern auf Portugiesisch geschrieben, um die Nähe zum Idol, die Verkleidung, noch überzeugender zu gestalten?

Und da das Verkleiden mit der entwaffnenden Offenheit eines Kindes geschieht, wird der Kritik der Wind aus den Segeln genommen. Denn wer möchte schon die Rolle des sauertöpfischen Beckmessers spielen, der mit einem spielenden Kind hart ins Gericht geht und zu ihm sagt:

Nun mach mal halblang, sich an einem der Größten der Weltliteratur zu messen ist irgendwie unverfroren und auch peinlich, über literarischen Ruhm entscheidet im Grunde immer erst die Nachwelt, und außerdem, was hast du schon zu bieten? Welche Ähnlichkeiten hat denn dein Werk nun tatsächlich mit dem Pessoas, außer dass du das für den Beginn der Moderne so typische Motiv der Scheinhaftigkeit und Fiktionalität allen Seins paraphrasierst und aufbläst wie der Kopist in deinem Roman die Details aus den Gemälden Boschs? Selbst wenn der Autor Pessoa eigenen Aussagen zufolge nichts von dem empfunden haben mag, was er beschrieb, so hat er doch, etwa im ,Buch der Unruhe', das äußerst glaubwürdige und wahrhaftige Porträt eines Mannes geschaffen, der die Banalität und die Demütigungen seines Büroalltags mit Größenphantasien kompensiert, die er vor allem in der Literatur verwirklicht sieht. Freilich könnte einem schwindeln bei dem Gedanken, dass sich ein großer Dichter als kleiner Büroangestellter ausgibt, der von literarischer Größe träumt. Aber andererseits war Pessoa, als er schrieb, noch kein großer Dichter, sondern tatsächlich nur ein kleiner Büroangestellter, der unter anderem akribisch genau über die Gefühle eines kleinen Büroangestellten schrieb, der von Literatur und Größe träumte.

Du aber möchtest dir die Gefühle von Kleinheit und Demütigung ersparen, die den Nährboden von Pessoas ,Buch der Unruhe' bilden, du möchtest nur spielen und im Spiel ein großer Dichter sein. Und du weißt, dass man dir deswegen vorwerfen könnte, ein zynischer Fälscher und Hochstapler zu sein, der seinen billigen Ramsch um viele Silberlinge an einen reichen Trottel verkauft, der keine Ahnung von Kunst hat – ein Vorwurf, den du gewitzterweise mithilfe des expliziten Verweises zu entkräften versuchst, dass es sich ja nur um ein harmloses Spiel handelt.

Einen Jux will er sich machen

So wie das *Lissabonner Requiem* auf den ersten Blick als Parodie erscheinen mag, weist *Erklärt Pereira*[25], der

Roman, mit dem Tabucchi nicht nur in Italien, sondern international zum Bestsellerautor avancierte, strukturelle Ähnlichkeit mit der Komödie auf, obwohl er sich bei oberflächlicher Lektüre als realistischer, „politischer" Roman darstellt, der einen Akt zivilen Ungehorsams beschreibt.

Erklärt Pereira spielt 1938 in Lissabon, zur Zeit des Salazar-Regimes. Pereira ist zuständig für die Kulturseite einer nach außen hin apolitischen und unabhängigen, in Wirklichkeit jedoch regimetreuen Zeitung. Er geht zwar brav seiner Arbeit nach, verspürt jedoch ein leises Unbehagen, das sowohl sein Privatleben als auch die politischen Verhältnisse betrifft. Er ist fett und herzleidend, ein guter Katholik, der jedoch mit der Vorstellung der Auferstehung des Fleisches hadert, er ist sei kurzem verwitwet und lebt allein, weshalb er lange Gespräche mit dem Foto seiner Frau führt, und er pendelt mehrmals am Tag zwischen seinem Zuhause, seinem Büro und dem Café Orquidea hin und her, wo er Kräuteromelettes und über die Maßen gezuckerte Limonade zu sich nimmt.

(Die Tatsache, dass diese im Text gebetsmühlenartig wiederholten Äußerlichkeiten ausreichen müssen, um die Person zu charakterisieren, verstärkt den Eindruck, dass es sich dabei um einen „Typ"[26] handelt wie in der Komödie und nicht um ein in seiner Tiefe und Komplexität erforschtes und beschriebenes Individuum. Darüber hinaus erwecken auch die Dialoge den Eindruck höchster Künstlichkeit. Pereira und die anderen Romanfiguren unterhalten sich nie über Beiläufiges, was den Eindruck von Natürlichkeit erwecken würde, sondern immer nur über Wesentliches: den Sinn des Lebens, den Tod, die Notwendigkeit der „Trauerarbeit", die Beschaffenheit der Seele ...)

Als Pereira sich auf die Suche nach einem Mitarbeiter begibt, trifft er mehr oder weniger zufällig Francesco Monteiro Rossi, einen unbeschwerten jungen Mann, von dem es heißt, er liebe das Leben und die Kultur, der ihm allerdings nur unbrauchbare Nachrufe über politisch nicht genehme Autoren schreibt. Schön langsam dämmert ihm, dass Monteiro Rossi und seine schöne Gefährtin Marta Widerstandskämpfer sind, und hin- und hergerissen zwischen Ablehnung und Faszination beginnt er sich mit ihnen zu treffen. In dem Internisten Cardoso, den er in einem Kurbad kennen lernt, findet er schließlich einen verständnisvollen Zuhörer und Verbündeten. Ihm schüttet er sein Herz aus und mit seiner Hilfe gelingt es ihm nicht nur, sein überschüssiges Fett loszuwerden, sondern auch, sich von seiner Lethargie zu befreien.

Im Finale überschlagen sich die Ereignisse. Pereira muss mit ansehen, wie Monteiro Rossi, dem er in seiner Wohnung Unterschlupf gewährt hat, von Schergen des Salazar-Regimes erschlagen wird. In der Folge gelingt es ihm mit einem Trick, die Zensur zu umgehen und in seiner Zeitung einen Bericht über das Verbrechen zu platzieren und mit einem gefälschten Pass nach Frankreich zu entkommen.

Als der Roman in Italien erschien, wurde von Seiten der italienischen Kritik vor allem gewürdigt, dass sich Antonio Tabucchi der Geschichte, dem Politischen, zugewandt habe. Ein Teil der Kritiker meinte auch, in *Erklärt Pereira* einen versteckten Aufruf zum zivilen Ungehorsam gegen die Politik Berlusconis zu sehen, und in der Berlusconi-Presse hagelte es dementsprechend wütende Verrisse des Romans. Doch diese Interpretation greift zu kurz. Zweifellos stellt *Erklärt Pereira* keinen Bruch, sondern eine Fortsetzung und Steigerung von Tabucchis „spielerischem" Werk mit leicht veränderten – intensivierten – Mitteln dar. Anders als in Tabucchis früherem Werk dienen plötzlich nicht mehr harmlose Versatzstücke – eine Reise durch Indien, ein Spaziergang durch Lissabon –, sondern ein brisantes Stück Wirklichkeit, der Faschismus, als Spielmaterial, was auf den ersten Blick den Eindruck erwecken mag, *Erklärt Pereira* sei ein Stück realistische Literatur. Wahrscheinlicher ist jedoch, dass durch den erhöhten Einsatz bloß der Spielreiz intensiviert werden soll. Denn die Wirklichkeit kommt im Spiel nicht um ihrer selbst willen vor, sondern ist ein Katalysator zur Erhöhung des Spielreizes.[27]

Wie in der klassischen Komödie oder in der Commedia dell'Arte gibt es zwei handelnde Paare, eines, das schmerzhaft die Wirklichkeit zu spüren bekommt, und eines, das deren Ernst und Schwere ins Spielerische, Folgenlose verkehrt. Zweifellos sind Monteiro Rossi und Marta das tragische, realistische Paar. Monteiro Rossi muss ausbaden, was er angezettelt hat, er wird für seine aufrührerischen Thesen erschlagen. Pereira gelingt mit seiner Frau, die zwar nur als Foto und imaginärer Sprechpartner präsent ist, die Flucht, es gelingt ihm, dem Regime einen Streich zu spielen, die Schwere der Wirklichkeit in Spiel aufzulösen.

Auch die „Veränderung unter Beobachtung"[28] stellt eine zentrale Struktur vieler Komödien dar. Als hätte ein magister ludi[29] innerhalb oder außerhalb des Spiels eine Wette auf den Ausgang des Spiels abgeschlossen und würde nun belustigt zusehen, wie sich die Personen verhalten. So wie in „Così fan tutte" Don Alfonso mit Ferrando und Guglielmo wettet, dass ihre Frauen fremdgehen werden, sobald sich die Gelegenheit dazu bietet, und die ganze Handlung in der Erbringung des Beweises besteht, dass sie es auch tatsächlich tun. Oder wie die Marquise de Merteuil in den *Gefährlichen Liebschaften* kühl berechnend beobachtet, ob es ihrem Komplizen gelingt, die Unschuld vom Lande zu verführen.

Die Tatsache, dass der Nebensatz „erklärt Pereira" ja nicht nur titelgebend ist, sondern auch im Romantext unablässig wiederholt wird, wofür es eigentlich keine schlüssige Erklärung gibt und worüber sich auch kein Rezensent je den Kopf zerbrochen hat (denn wem sollte Pereira realistischerweise Rede und Antwort stehen, nachdem er sich ins nicht faschistische Ausland gerettet hat?), ist ein Fiktionssignal. Es bedeutet, dass die Geschichte von jemandem außerhalb oder innerhalb des Spiels, dem Pereira Rechenschaft gegeben hat, erzählt wird. Dass diese Instanz mit Befriedigung und ohne Überraschung zur Kenntnis nimmt, dass Pereira sich so verhalten hat wie erwartet. Dass er seine Rolle gut gespielt hat. Vielleicht ist diese Instanz eine gottähnlicher und allmächtiger magister ludi, der Pereira in diese Spielhandlung, deren Ausgang eigentlich von Anfang an klar ist, gesetzt und belustigt zugesehen hat, wie Pereira sich verhält, wie er ein wenig zappelt, aber dann doch tut, was man von ihm erwartet. Der eine Wette abgeschlossen hat, um zu beweisen, dass sich die Dinge so entwickeln werden wie vorausgesagt. Der sich einen sadistischen Spaß daraus macht zuzusehen, was passiert, wenn man einen fetten, alternden Mann, der nur noch auf den Tod wartet, durch einen wie durch einen Zufall zugespielten Zeitungsartikel ein letztes Mal aus seiner Lethargie aufrüttelt. „... und zufällig, rein zufällig, begann er eine Zeitung durchzublättern ..." Ein magister ludi, der die ganze Geschichte samt Faschismus nur erfunden hat.

Und Pereira muss die ihm zugedachte Rolle spielen, ob er will oder nicht. Er hat keine Chance, sich als Individuum zu verhalten, er hat keine Chance, zu zweifeln, zu scheitern oder sich als schwach zu erweisen, was angesichts der Übermacht des Gegners vielleicht realistisch wäre (und was ihn zu einem tragischen Helden machen würde), er spielt einfach seine Rolle zur Zufriedenheit des Spielleiters, der das Spiel angezettelt hat.

Und zufällig, rein zufällig ...

Der Zufall ist Schicksal „light", er nimmt in unserer säkularisierten Welt den Platz ein, den in vergangenen Zeiten das Schicksal innehatte.[30] Beide, sowohl Schicksal als auch Zufall, bezeichnen etwas, das die Selbstbestimmung des Menschen einschränkt, wogegen er sich nicht wehren kann, was ihm „zufällt", was ihm „bestimmt" ist. In der Tragödie herrscht das Schicksal vor, während in der Komödie der Zufall an die Stelle des Schicksals tritt.[31]

Doch anders als in der Tragödie, wo etwa von der „tyrannischen Herrschaft des Schicksals" die Rede ist, scheint die Komödie dem Zufall durchaus positive Seiten abgewinnen zu können, läutet der Zufall doch zumeist ein Spiel ein, gegen das man sich – ach, leider! – so gar nicht wehren kann. In der Komödie ist der Zufall der Garant dafür, dass das Leben zuweilen doch aus den eingefahrenen Bahnen auszubrechen imstande, dass eine karnevalistische Unterbrechung des repressiven Alltags möglich ist.

Titus Feuerfuchs (in Nestroys Komödie *Der Talisman*) zum Beispiel findet „zufällig" eine Perücke, die es ihm gestattet, seinen Makel, die roten Haare, zu kaschieren und die Standesunterschiede eine Zeitlang „spielerisch" aufzuheben, und Weinberl wird überraschenderweise (sein Chef heiratet und fährt in die Flitterwochen) zum Miteigentümer des Geschäfts befördert, in dem er bis dahin bloß ein kleiner Angestellter war – eine unerwartete, „zufällige" Beförderung und Freiheit, die ihn veranlasst, heimlich in die Stadt zu fahren, um sich „einen Jux zu machen", ein wenig Spaß zu haben. Später, wenn er wieder in die grabesmäßige Geborgenheit des geordneten Lebens zurückgekehrt ist, will er nämlich in dem Bewusstsein leben, einmal ein „verfluchter Kerl" gewesen zu sein.

Auch bei Antonio Tabucchi markiert der Zufall, der einerseits ein Synonym für das Irrationale und Chaotische ist und andererseits davon ablenkt, dass man sich dem Irrationalen und Chaotischen nicht ganz ungern anheim gibt, immer wieder den Punkt, an dem die Wirklichkeit zurückgedrängt wird und das Spiel beginnt, er bezeichnet die Schwelle, über die Tabucchis Personen treten, um in ein Reich einzutreten, in dem sie sich größere Genüsse verschaffen als in dem von den Gesetzen der Wirklichkeit bestimmten Alltagsleben – in das Reich des Wunschdenkens.[32]

„Und zufällig, rein zufällig begann er eine Zeitung durch zu blättern ..." Wie Weinberl lebt auch Pereira in einem Kerker, dessen Wände von seiner Wohnung, seiner Redaktionsstube und dem Café Orquidea gebildet werden, und wie er empfindet er seinen von allzu viel Fett beschwerten Körper, an dessen Auferstehung er nicht und nicht glauben will, als Grab. Er beschäftigt sich intensiv mit dem Tod und spricht ausschließlich mit dem Foto seiner verstorbenen Frau. Der Zufall gestattet ihm, noch einmal auszubrechen und ein letztes Abenteuer zu erleben, das auch ihm das Gefühl gibt, einmal ein „verfluchter Kerl" gewesen zu sein. Ein Abenteuer, das aus der Perspektive des „danach", als das Spiel längst vorbei ist und das Leben wieder in gewohnten Bahnen verläuft und endgültig auf den Tod zusteuert, erzählt wird – von jemandem, dem Pereira Bericht erstattet hat.

Wenn das Wörtchen wenn nicht wär

Komisch im Sinn von Lachen erregend ist die Komödie *Erklärt Pereira* allerdings nicht. Irritierend und verstörend – oder vielleicht auch nur ärgerlich – ist allerdings, dass ausgerechnet der Faschismus in dieses Spiel mit einbezogen wird. Wenn nämlich die Grenze zwischen Literatur und Welt außer Kraft gesetzt wird, wenn Pereira nur die Spielfigur eines allmächtigen magister ludi ist, dann wird auch der Faschismus – eine uns noch sehr nahe und deshalb schmerzvolle Wirklichkeit – zynischerweise zum manipulierbaren Spielmaterial erklärt, was entweder bedeutet, die Gräueltaten des Faschismus seien reine Fiktion wie vieles andere auch (was würden die Opfer wohl dazu sagen?), oder eine Korrektur der Vergangenheit sei vom Ort der Literatur aus möglich, nach dem Motto: Nicht die Kunst imitiert das Leben, sondern das Leben die Kunst.

Erklärt Pereira ist also entweder ein Gedankenspiel, das angesichts der Evidenz der Wirklichkeit zum Zerplatzen verdammt ist wie eine Seifenblase, oder eine kindliche Allmachtsphantasie, die meint, sich die Wirklichkeit untertan machen zu können. Was im Grunde ohnehin ein und dasselbe ist.

Erklärt Pereira will ja wie bereits gesagt durchaus

nicht die psychologische Studie eines Menschen sein, der im Lauf seines Lebens seine alten Überzeugungen überdenkt und so zu neuen Einsichten und einer neuen Lebenshaltung gelangt. Dafür ist die Darstellung der Person viel zu schematisch und oberflächlich und dazu müsste sie wohl in ihrer ganzen psychologischen Bandbreite, auch in ihren Gefühlen der Kleinheit und Resignation, gezeigt werden. Denn was hat Pereira im Grunde bewirkt? Monteiro Rossi ist tot, er selbst muss fliehen, und am Lauf der Geschichte ändert sich aufgrund seiner Tat nichts, aber auch rein gar nichts. Wir befinden uns im Jahr 1938, im faschistischen Europa werden also noch Hunderttausende umgebracht werden. Pereira hingegen genießt einen illusorischen und größenwahnsinnigen Triumph, der in dem Glauben besteht, etwas bewirkt, den Lauf der Geschichte beeinflusst zu haben, ein Held zu sein.

Anders als alle bisherigen (künstlerischen und trivialen) Aufarbeitungen des Themas thematisiert *Erklärt Pereira* nicht die Ohnmacht, sondern die phantasierte Allmacht gegenüber einem mörderischen, übermächtigen System, es äußert die größenwahnsinnige Wunschvorstellung, dass es auch anders hätte laufen können, wenn … wenn es mehrere … wenn es viele von Pereiras Sorte gegeben hätte. Die Wunschvorstellung des Kindes, das in der Schule zum ersten Mal vom Faschismus hört und sagt: Wenn ich dabei gewesen wäre, wäre alles anders gelaufen, ich hätte mich gewehrt, ich hätte heroisch Widerstand geleistet … wenn …

Wenn das Wörtchen wenn nicht wär. Es hat aber nicht viele Pereiras gegeben, es war genau so, wie es war, und nichts und niemand kann die Gräueltaten der faschistischen Regimes rückgängig machen. Man kennt die Geschichten zivilen Ungehorsams, das Schicksal der Geschwister Scholl oder den Fall Jägerstätter, man weiß, dass sie anders und tragischer verlaufen sind als die scheinbar zu Optimismus Anlass gebende Geschichte Pereiras, dem es gelingt, dem Regime einen Streich zu spielen.

Die Verhältnisse waren eben so, dass es nicht mehrere Pereiras geben konnte: Die meisten ließen sich verführen oder einschüchtern, und die wenigen, die sich nicht verführen oder einschüchtern ließen, waren dem Untergang geweiht. Oder flohen, womit sie zwar ihr nacktes Leben retten, aber nichts am Lauf der Geschichte ändern konnten.

Tabucchi aber sagt: Es hätte anders sein können. Die Wirklichkeit als Teil der Fiktion ist veränderbar. Aber eben nur als Teil der Fiktion, des Spiels, womit wir paradoxerweise wieder bei der Grundvoraussetzung von Tabucchis Schreiben angelangt wären, wonach das Spiel, die Fiktion selbst bei höchstem Einsatz niemals über sich hinausweist.

Forbidden Games[33]

Freud zufolge ist das Spiel, dessen Gegensatz nicht Ernst, sondern Wirklichkeit ist, die liebste und intensivste Beschäftigung des Kindes.

Vielleicht dürfen wir sagen: Jedes spielende Kind benimmt sich wie ein Dichter, indem es sich seine eigene Welt erschafft, oder, richtiger gesagt, die Dinge in eine neue, ihm gefällige Ordnung versetzt.[34]

Spielen ist eine Möglichkeit, sich über die Wirklichkeit und ihre Zwänge hinwegzusetzen. Es ermöglicht dem Spielenden, während der Zeit des Spiels Freiheit und Gottähnlichkeit zu spüren, in die Rolle des magister ludi zu

schlüpfen und Menschen wie Spielfiguren auf einen Spiel-
brett herumzuschieben – ohne die Konsequenzen tragen
zu müssen.

Antonio Tabucchi beschreibt in seinen Erzählungen[35]
Menschen, die in Spielen gefangen sind. Die nicht leben,
sondern spielen, Leben spielen. Die sich der Wirklichkeit
entziehen, tun, als ob, in fremde Identitäten schlüpfen,
weil ihnen die eigene als zu unergiebig erscheint.

Manche verbringen ihre Tage gelangweilt in schönen
Hotels an der Riviera und geben vor, Figuren aus den Romanen Scott Fitzgeralds zu sein, weil ihnen das Alltägliche und Banale als „monströs" erscheint. Ein ehemals
berühmter Shakespeare-Interpret lebt in Afrika im frei
gewählten Exil und inszeniert den Kolonialbeamten zuliebe große Tragödien, da es ihm aus irgendeinem nicht
genannten Grund nicht möglich war, die Karriere in der
Heimat fortzusetzen.

(Tabucchis Erzählungen spielen kaum in der Gegenwart. Sie spielen vielmehr in einer nicht näher bestimmten, verklärten Vergangenheit, als es noch Villen an der
Riviera, Grandhotels, Sommerfrische, Kolonialreiche und
Ozeandampfer gab. Die Verwendung dieser Versatzstücke
aus der Vergangenheit ist genauso ein Fiktionssignal wie
der ständig wiederholte Nebensatz „erklärt Pereira". Es
geht hier nicht um „echte" Menschen, möchte uns Tabucchi sagen, sondern um Menschen, die bereits Eingang in
die Literatur, in die Fiktion gefunden haben und die weiterverwendet werden, deren Leben und Tragödien bereits
ästhetisiert, von der Literatur entschärft worden sind.)

Manchmal beginnt es mit einem Spiel, einem kleinen, geheimen und
beinahe kindischen Spiel, das nur du kennst und von dem zu sprechen dir peinlich wäre, so etwas tut man nicht, aber es ist ein Spiel,
ein Streich, den man sich selbst oder anderen spielt, die zufälligen

Passanten, die zufälligen Gäste, sie sind deine ahnungslosen Spielgefährten, auch wenn sie es nicht wissen ...[36]

Manche von ihnen inszenieren absichtslose Spiele, die einzig und allein die Langeweile vertreiben sollen, manche verschaffen sich durch Betrügereien und Hochstapeleien einen kleinen Vorteil, manchen bereitet es ein sadistisches Vergnügen, mit Menschen zu spielen. Ein Mann muss feststellen, dass er von der Frau, der er jahrelang geheime politische Botschaften zu bringen glaubte, zu ihren eigenen, ihm verborgenen Zwecken missbraucht worden war. Das über Jahre hinweg eingegangene Risiko entpuppt sich als Illusion. „Sie müssen in eines ihrer Umkehrspiele geraten sein", sagt ihr Mann am Tag ihres Begräbnisses zu ihm. Doch merkwürdigerweise empfindet der Getäuschte dabei weder Wut noch Trauer, als wäre es das Natürlichste auf der Welt, als Spielball missbraucht zu werden. Wie Nietzsches Träumer, der erwacht, um festzustellen, dass er träumt und weiterträumen muss, um nicht abzustürzen, begibt er sich einfach, kaum ist das Spiel vorbei, in das nächste: „Und ich ging auf den Punkt zu. Und in dem Augenblick befand ich mich in einem neuen Traum."

Wiederum ein anderer erhält einen Brief von einer Freundin aus lange zurückliegenden Tagen, die ihn auffordert, sich mit ihr am Bahnhof von Grosseto zu treffen (als gäbe es etwas furchtbar Wichtiges zu klären). Als der Zug in den Bahnhof einrollt und der Ich-Erzähler durch das Fenster späht, ist niemand da. Ist etwas schiefgelaufen oder ist die enttäuschte Erwartungshaltung noch Teil des sadistischen Spiels?

Dieselbe hinterhältige und verführerische Haltung (die eines magister ludi) nimmt auch der Autor Tabucchi gegenüber seinen Lesern ein. Er inszeniert ein Spiel, wehe dem, der meint, er würde sich auf etwas Wahres und Echtes einlassen. Tabucchi täuscht, er erzählt seine Geschichten, als wisse er mehr als seine Leser und seine Protagonisten, als hielte er ein Geheimnis zurück, das für das Verständnis der Geschichte von enormer Wichtigkeit wäre. Unweigerlich stellt sich jedoch heraus, dass es keine Lösung gibt und wahrscheinlich nicht einmal ein in der Wirklichkeit der Erzählung verankertes Geheimnis, der Leser wurde bloß hingehalten, bei der Stange gehalten durch die trickreiche Camouflage des Erzählers. Es verhält sich ein wenig wie mit der Wurst, die dem Hund zwar hingehalten, jedoch nie gewährt wird.

Am reinsten tritt diese Haltung wohl in der langen Erzählung *Am Rand des Horizonts*[37] zutage, in der ein unbekannter Toter ins Leichenschauhaus gebracht wird, worauf der dort als Hilfskraft angestellte Ich-Erzähler auf eigene Faust zu recherchieren beginnt. Er findet vermeintliche Indizien und Anhaltspunkte für einen Mord, er folgt Spuren, und sein Weg wird immer labyrinthischer, jedes Zeichen verweist auf ein anderes. Am Ende steht er in einem leeren, dunklen Zimmer, er hat nichts aufgedeckt als das Gespinst seiner eigenen Vorstellungen und Vermutungen. Er hat sich auf ein Spiel eingelassen, das eine unbekannte Instanz, ein sadistischer magister ludi innerhalb oder außerhalb des Spiels inszeniert hat oder das er vielleicht auch nur selbst erfunden hat, um die Langeweile zu vertreiben und seinem bedeutungslosen Dasein einen Sinn zu geben, das ihn und den Leser eine Zeitlang unterhalten und für Spannung gesorgt hat. Der Rest ist Enttäuschung.

„Die unvorhergesehenen Zufälle des Lebens hatten mir eines Tages vor Augen geführt, dass etwas, das so war, eigentlich ganz anders war"[38], schreibt Tabucchi im

Vorwort zu besagten Erzählungen. Aber wie? Das erfahren wir nicht. Die maximale Erkenntnis, die uns Tabucchi gewährt, ist, dass sich hinter jeder Wirklichkeit, die dieser Logik zufolge nur eine scheinbare sein kann, eine andere verberge und dass wir uns unsere Wirklichkeit spielerisch zusammenbasteln und uns im besten Falle unseres Spielens bewusst werden können.

Am glaubhaftesten wirkt diese Grundvoraussetzung, wenn es sich bei den Protagonisten um Kinder handelt, denen die Welt der Erwachsenen notwendigerweise wie ein undurchschaubares Spiel erscheinen muss. In der Erzählung *Samstagsnachmittage*[39] etwa wird die kindliche Perspektive effektvoll eingesetzt, um eine Welt voller Rätsel und Geheimnisse zu evozieren. Eine Villa am Land, Sommerfrische, der Vater des Kindes, aus dessen Sicht die Geschichte erzählt wird, ist abwesend, tot vielleicht, seine Schwester bildet sich ein, ihn manchmal am Gartenzaun vorbeigehen zu sehen, die Mutter weint viel und verbringt die heißen Nachmittag dösend im Salon. Nur einmal zieht sie sich während der Siesta schön an und geht weg. Bei ihrer Rückkehr lächelt sie.

Das Kind aus Tabucchis Erzählung versteht die Zusammenhänge, die „Spiele" der Erwachsenen nicht, die ihm verwirrend und sinnlos erscheinen, es sieht nur deren äußeres Erscheinungsbild, auf das es sich einen Reim zu machen versucht.

Dem Leser von Tabucchis Erzählungen geht es genauso wie dem Kind, er bekommt Zeichen vorgesetzt, die er zu entschlüsseln versucht, für die es jedoch keine Entschlüsselung gibt. Die nicht entschlüsselt werden sollen, weil sie dann vielleicht banal und bewältigbar wären (etwa: der Vater im Krieg gefallen, die Mutter auf der Suche nach einem neuen Lebenspartner). Oder die längst entschlüsselt sind, aber dennoch unbedingt ihr Geheimnis beibehalten sollen, nicht zuletzt, weil sonst die Spannung futsch wäre.

Wenn „Literatur beunruhigen und alarmieren"[40] soll, wie Tabucchi einmal gefordert hat, dann allerdings nur um den Preis, dass wir bereit sind, dieses Verstricktsein in undurchschaubare Spiele als Metapher unseres Daseins zu begreifen, dass wir uns freiwillig in die Rolle des Kindes oder einer Figur auf einer barocken Bühne begeben, der das Leben als nicht aufzulösendes Trugbild vorgegaukelt wird.

Saudade

Die Figuren von Tabucchis Erzahlungen leben so spielerisch, wie es nur möglich ist, was in diesem Fall bedeutet, immer wieder von vorne anzufangen, keine Konsequenzen zu tragen, so zu tun, als ob nichts gewesen wäre.[41] Ihr Leben ist eine einzige Abfolge von „kleinen Missverständnissen ohne Bedeutung", wie der Titel von einem von Tabucchis frühen Erzählbänden lautet.

Sie wollen sich nicht entscheiden, sie können sich nicht entscheiden, und wenn sie sich einmal zu einer Entscheidung haben hinreißen lassen, würden sie sie am liebsten gleich wieder rückgängig machen, indem sie die Behauptung aufstellen, es sei die falsche gewesen.

Mehr oder weniger unisono, wie im Chor, formulieren sie das Unbehagen darüber, ein Leben zu führen, das ihnen nicht entspricht, weil sie andere, ungeahnte Möglichkeiten nicht ergriffen haben. Unablässig formulieren sie das Unbehagen darüber, irgendwann einen falschen Weg eingeschlagen zu haben.

... hier in Michigan ist es Spätherbst, und der Garten ist einfach prächtig, auf der Steinbank hinter der Ulme wächst Moos, das weich wie Seide ist. Es ist zartgrün und hat bräunliche Flecken. Ich schwöre dir, ich komme nur zur Ruhe, wenn ich diese Farbe streiche. Entschuldige die unpassende Formulierung, denn man streichelt keine Farben, aber ich weiß nicht, wie ich es sonst ausdrücken sollte, denn wenn ich dieses Moos streiche, ist mir, als würde ich seine Farbe streicheln. Hin und wieder denke ich, wenn du Fred geheiratet hättest und ich Mark, wäre alles anders gekommen, denn wahrscheinlich gefiel mir Mark und dir Fred. Warum bloß haben wir das damals nicht gemerkt?[42]

Doch scheint es sich dabei absolut nicht um konkrete Irrtümer und Fehlentscheidungen zu handeln, die man vielleicht mit einer Scheidung oder einem Umzug korrigieren könnte, und auch nicht um die Einsicht, dass sich Gefühle und Haltungen im Laufe des Lebens ändern, wozu man sich ebenfalls verhalten könnte, sondern um die Aufrechterhaltung der Illusion, es stünden einem bis zuletzt alle Möglichkeiten offen, um die Aufrechterhaltung der narzisstischen Position, wonach die Sehnsucht der Erfüllung vorzuziehen ist.

Die Nostalgie ist sehr präsent in meiner Literatur. Sie ist ein komplexes, ungefähres Gefühl mit vielen Ingredienzien. Bedauern, Reue, die Sehnsucht nach etwas, das man verloren hat, die Zurkenntnisnahme, dass man etwas verabsäumt hat, dass man etwas nicht getan hat, was man hätte tun können, dass man etwas hätte werden können, das man nicht geworden ist. In meinem Erzählband *Das Umkehrspiel* gibt es zum Beispiel eine Erzählung, in der der Protagonist eine ihm unbekannte Seite einer bereits verstorbenen Frau entdeckt. Im Lichte dieser Erkenntnis verspürt er das unstillbare Verlangen, die Beziehung zu ihr noch einmal zu leben. Die Nostalgie bringt genau diese Sehnsucht nach etwas zum Ausdruck, das nicht hat sein können. Und diese Situation erleben wir immer wieder in unserem Leben. Leider müssen wir immer wieder Entscheidungen treffen, und das heißt, auf etwas zu verzichten, und immer wenn wir uns für etwas entscheiden, verzichten wir auf etwas anderes. Deshalb spreche ich in meinen Büchern oft von dem Gefühl der Frustration und der Unzufriedenheit, die sich aus diesem Verzicht ergeben.[43]

Die Einsicht, dass das Leben eben nicht unbegrenzte Möglichkeiten bereitstellt und dass es selbst aufgrund der Wahl eines anderen Partners – Mark statt Fred oder umgekehrt – nicht in wesentlich anderen Bahnen verlaufen wäre, ist Tabucchis Personen absolut fremd. Deshalb wollen sie im Grunde auch gar nicht den Partner wechseln, sondern bloß die Sehnsucht nach dem vermeintlich richtigen Partner aufrechterhalten. Sie wollen sich nicht zufriedengeben mit dem, was möglich ist, sondern genießen ihre Wehmut, ihre Melancholie, die auch der Quell ihrer *rimorsi*, ihrer Gewissensbisse, ist. Sie wollen nicht akzeptieren, dass Erfüllung zuweilen mit Verzicht einhergeht, sie wollen – leidend, schmachtend – ihre unerfüllbaren Sehnsüchte am Leben halten. Wobei es absolut nicht um konkrete Dinge geht, die nicht in Erfüllung gegangen sind, sondern um die Aufrechterhaltung eines Gefühls, das zu seiner Aufrechterhaltung eben die Vorstellung dieser nicht erfüllbaren Dinge braucht.

Immer wieder, mit quälender Insistenz, stellen sie sich die Frage: Was wäre, wenn? Was wäre, wenn ich damals dieses und nicht jenes getan hätte, wäre dann mein Leben in ganz anderen Bahnen verlaufen?

Die Sehnsucht nach dem, was war, kann schrecklich sein, aber die Sehnsucht nach dem, was wir uns gewünscht haben, was gewesen hätte sein können und nicht war, die muss unerträglich sein.[44]

Tabucchi konstruiert in seiner Literatur immer wieder Situationen, die die Aufrechterhaltung einer derartigen Illusion als gerechtfertigt erscheinen lassen, die das Interesse an dem, was eigentlich längst Vergangenheit und als Anspruch aufgegeben sein sollte, künstlich am Leben halten, etwa in Form einer nicht getilgten Schuld, ständig nagender Gewissensbisse oder eines unaufgelösten Geheimnisses.

Am meisten beunruhigt uns der Brief, den wir nie geschrieben haben, er nagt an uns wie ein hartnäckiger Holzwurm an einem alten Tisch, den wir nur mit einem Gift zur Ruhe bringen könnten, an dem auch wir zugrunde gehen würden. ‚Der Brief‘, den wir immer schreiben wollten, in gewissen schlaflosen Nächten, und den wir immer aufgeschoben haben.[45]

Letztendlich ist *Erklärt Pereira* der radikalste Ausdruck einer derart beschaffenen Geisteslage: der Wunsch, die Vergangenheit zu korrigieren, sich nicht trauernd mit ihr abzufinden (dass Pereira in Bezug auf seine Frau keine „Trauerarbeit" leisten kann, gehört zu den Standarddefinitionen seiner Person), sondern unablässig einen Anspruch aufrechtzuerhalten, der absolut nicht einzulösen ist.

Wahrscheinlich ist in der Sehnsucht nach dem, was nicht hat sein können, beziehungsweise in der Aufrechterhaltung der Illusion, was nicht alles hätte sein können, auch das Wesen der Saudade zu sehen, jenes (aufgrund touristischer Verwertung ebenfalls bereits verkitschten) angeblich typisch portugiesischen Lebensgefühls, das laut Tabucchi eine geistige Kategorie ist und seinem Schriftstellerfreund Christoph Meckel zufolge all seine Werke durchziehe:

Saudade, in allen Aromen und Varianten, durchzieht seine Sprache, Sätze, Bücher – nicht als Thema – aber als Poesie – und ist eine Eigenheit seines Lebensgefühls. Aus ihr kommen Unrast, Unruhe, Melancholie, Verlangen nach Ausbruch, nach Handlungen ohne Ziel, und was man zitieren kann, aber nicht benennt.[46]

Glücklich ist, wer vergisst, was doch nicht zu ändern ist

Die Fähigkeit, die Realität zu akzeptieren und sich mit Möglichem zufriedenzugeben (womit andererseits durchaus nicht gemeint ist, jede schlechte Realität kritiklos hinzunehmen), ist zweifellos ein Garant für seelische Gesundheit und Zufriedenheit – eine Fähigkeit, die der Autor Tabucchi genauso wenig schätzt wie seine Personen es tun.

In einer Rede anlässlich der Verleihung des Österreichischen Staatspreises für Europäische Literatur entwarf er eine fiktive Ahnenreihe all jener Autoren, in deren Tradition er sich sieht und deren Literatur im Zeichen der „Unruhe" stünde, ein Lebensgefühl, das er als jenem der satten Bürger überlegen erachtet. Tabucchi spannt dabei einen Bogen von Joseph Conrad, Franz Kafka und Baudelaire bis hin zu Italo Svevo und Carlo Emilio Gadda. Im Zentrum seiner Betrachtung steht aber natürlich Fernando Pessoa und sein unter dem Heteronym Bernardo Soares erschienenes *Buch der Unruhe*.

In Bernardo Soares' Unruhe steckt aber auch ein Quäntchen dekadentes Lebensgefühl, wie es zu Beginn des Jahrhunderts, als Pessoa sein Buch zu schreiben begann, weit verbreitet war, und das ein wenig an Baudelaires Spleen erinnert. Der Begriff hat aber auch etwas von ‚Nervosität' an sich. Je weiter wir uns jedoch von der Literatur der Jahrhundertwende entfernen, desto mehr verwandeln sich diese Nervosität, dieser Spleen in Unbehagen, wir spüren, dass die Seele des Protagonisten in Aufruhr ist, dass sie an den kleinen und großen Dingen seines kleinen und großen Universums leidet. Manchmal leidet der Protagonist an der ganzen Welt, manchmal an sich selbst, am Leben, manchmal wird sein Leid zu einer regelrechten Verstörung. Mit einem Wort, der Begriff „Unruhe" ist in ständiger Bewegung, sodass es unmöglich ist, ihn linear zu übersetzen. Bevor er jedoch den Beigeschmack von „Unbehagen" annimmt, bedeutet er vor allem Lebensunfähigkeit. Bernardo Soares muss zur Kenntnis nehmen, dass er der Wirklichkeit und vor allem dem Leben nicht gewachsen ist. Irgendwann beschreibt er diese Unfähigkeit als „Krankheit des Lebens", und sie wird zu jenem Gefühl der Entfremdung angesichts der Realität, aufgrund dessen Alvaro de Campos, das zweite großer Heteronym Pessoas, sagte, er fühle sich überall als Fremder.[47]

Aus welchen Quellen sich das Unbehagen all dieser im Grunde doch sehr unterschiedlichen Autoren auch speisen mag, bei Tabucchi und seinen Personen scheint die Unruhe die Kehrseite eines in Spiel und Fiktion erstarrten Universums zu sein. Die spielerische Leichtigkeit, die Weigerung, das Leben ernst zu nehmen, der tänzerische Schritt, der sich sogar bis in den Tabucchi'schen Tonfall hinein fortsetzt und alle Dinge einerseits mit einer leisen Melancholie ob der vielen verpassten Möglichkeiten und andererseits mit einer gewissen Künstlichkeit überzieht, macht sich andererseits als Leere, als Mangel fühlbar, die mit Unrast, Unruhe gefüllt wird.

Vielleicht sind die rimorsi, die Gewissensbisse, die Tabucchis Figuren immer wieder äußern, das wahrhaft Authentische an seiner Literatur: Sie bringen das Bedauern darüber zum Ausdruck, irgendwann an einer Wegkreuzung gestanden zu haben und sich für die Fiktion und das Spiel entschieden zu haben und nicht für die Wirklichkeit und die Wahrheit.

Postskriptum

Nach der allerdings von niemandem bemerkten Provokation von *Erklärt Pereira*, in dem der Faschismus zum Spielmaterial erklärt wird (und der unerheblichen Dublette *Der verschwundene Kopf des Damasceno Monteiro*[48]), ist nahezu keine Steigerung mehr möglich. Welche Wirklichkeit lässt sich noch in die Sphäre des Spiels übersetzen, um den Einsatz zu erhöhen?

Antonio Tabucchi unternimmt zwei weitere Versuche: *Es wird immer später*[49] ist ein Briefroman oder Pseudobriefroman, er versammelt zwölf Briefe, die allesamt von Männern an geliebte Frauen geschrieben werden, mit Ausnahme des letzten, dessen Absender eine Erinnye ist, die einer nicht näher definierten Agentur, in deren Auftrag sie die Lebensfäden der Menschen abschneidet, Bericht erstattet und in der somit der magister ludi (die magistra ludi) zu erkennen ist.

Tristano stirbt[50] hingegen ist eine Borges-Paraphrase, in der dessen Diktum, wir träumten nicht nur unser Leben, sondern würden auch von ihm geträumt, auf die Spitze getrieben wird. Das Leben imitiert die Kunst: Ein ehemaliger Partisan, der sterbenskrank im Bett liegt und auf den Tod wartet, ruft einen Schriftsteller an sein Krankenlager, um ihm seine Autobiografie, die dieser bereits in Form eines Romans (der vage an Beppe Fenoglios *Partisan Johnny*, einen neorealistischen Roman der 1950er Jahre, erinnert) zu Papier gebracht hat, in die Feder zu diktieren.

Die Rahmenhandlung der beiden Romane wirkt überkonstruiert und an den Haaren herbeigezogen, doch die einzelnen Episoden in ihrer zuweilen boshaften Darstellung menschlicher Beziehungen und Abhängigkeiten wirken authentischer, realistischer und glaubwürdiger als Tabucchis frühere Werke. Es werden Menschen gezeigt, die der Wirklichkeit ihre eigene, meist höchst verquere Vorstellung von Glück aufzwingen wollen, die sich dem Diktum der Wirklichkeit, das mit Ende und Sterblichkeit einhergeht, nicht beugen wollen, sondern sich auf die tollkühnsten Experimente einlassen, um ihr zu entkommen. Tabucchi scheint eine gewisse ironische Distanz zwischen sich und der Realität einerseits und seinen Personen und ihren aberwitzigen Ansprüchen andererseits einzulegen, während in den früheren Werken die Position des Autors selbst von Irrealität durchsetzt war.

Im zweiten Brief des Romans *Es wird immer später*[51] wird gar eine Zeit und Raum aufhebende Seelenwanderung inszeniert. In Griechenland tritt der Briefeschreiber über die Schwelle einer alten, baufälligen Kapelle. Und wieder einmal war es „Zufall. Aus reiner Neugier betrat ich den Vorraum dieser Taverne", an deren Tür sich ein Kärtchen mit der Aufschrift „Entscheidung für eine Wiedergeburt" befindet. Er lässt sich ein auf das Spiel, das keine Suche nach dem wahren Ich verspricht, „sondern nur Konzentration auf die verborgenste Erinnerung, auf das, was uns in Vergangenheit glücklich gemacht hat und was wir uns auch für das Leben nach der Wiedergeburt wünschen". Indem er über die Schwelle tritt, tritt er in den ewigen Kreislauf ein, der es ihm ermöglicht, immer wieder dieselbe Situation zu erleben:

Aussuchen kann ich mir bei meinem Wiedereintreten in den Kreislauf einzig und allein den Augenblick des Wiedereintretens. Es kann der erste Tag unserer Geschichte sein, der letzte oder irgendein beliebiger Abend, und so weiter in alle Ewigkeit. Und immer dasselbe. Jetzt zum Beispiel befinde ich mich auf dem Platz vor einem Bauernhaus, unter einem Mandelbaum, es ist ein Abend Ende August, du kommst heraus, weil du bemerkt hast, dass ich da bin, du kommst mir entgegen, ruhig wie jemand, der allzu lange auf die Rückkehr von jemandem gewartet hat, und ich kehre ja auch tatsächlich zurück, aus dem nahen Dorf ist Musik zu hören, Trompeten und Akkordeons spielen Ciliegi rosa a primavera, was um Himmels willen ist das?, frage ich dich. Das Dorffest, antwortest du, du weißt doch, zu San Lorenzo habe ich die ganze Nacht die Sternschnuppen beobachtet und mir gewünscht, du würdest bald zurückkommen, bleibst du zum Abendessen? Natürlich bleibe ich zum Abendessen, du hast gefüllte Tomaten gemacht, mit Thymian gewürzt, dem Thymian, der unter der Pergola wächst, neben den Winden ... und du denkst dir nichts dabei, denn für dich geschieht es augenblicklich in diesem Augenblick, in dem unsere Körper den Raum durchmessen, der der Wiese vor dem Bauernhaus entspricht, und unsere Ohren die Melodie von Ciliegi rosa a primavera hören und du zu mir sagst: zu San Lorenzo habe ich die ganze Nacht die Sternschnuppen beobachtet, bleibst du zum Abendessen?[52]

Und es fehlt auch nicht das parodistische Element, denn die Türsteherin ist „keine Engländerin mit grauen Haaren und vielleicht in einem Sari, eine Person, die in Indien gelebt hat und sich lange mit östlicher Philosophie beschäftigt hat, sondern eine mürrische Alte mit schwarzem Kopftuch und Flaum auf der Oberlippe und dem trüben Blick und dem stumpfsinnigen Ausdruck eines schwachsinnigen Menschen".

Schlussapplaus

Bevor unser Alien mit dem Aussehen David Bowies aus dem Film *Der Mann, der vom Himmel fiel* mit der Literatur als Souvenir im Gepäck auf seinen fernen Stern zurückkehrt, beschließt er, einen kleinen Testballon starten zu lassen. Er beschließt, sich auf der Erde als literarischer Autor auszugeben, um zu überprüfen, ob seine Rechnung aufgeht, ob das, was er geschrieben hat, auch tatsächlich als Literatur akzeptiert wird.

Der Erfolg ist überwältigend. Sowohl das Publikum als auch Kritik und Literaturwissenschaft sind begeistert. Alle schätzen die Aufarbeitung literarischer Inhalte und Techniken.

Die Leser, weil sie vom Autor an einen Ort geführt werden, wo sie das Herz der Kultur schlagen zu hören vermeinen. Begriffe wie „Barock" oder „Requiem", Namen wie Fernando Pessoa oder Hieronymus Bosch gelten ihnen als beeindruckende Referenzen, die für den

Kunstanspruch des gelesenen Werks bürgen, der Verweis auf die Fiktionalität der Literatur ist ihnen ein geläufiges Verfahren, sie haben eine ungefähre Ahnung davon, mit welchen Bedeutungen symbolische Figuren wie „Doppelgänger" oder „schwarze Engel" aufgeladen sind. Sie genießen es, mit dem *Lissabonner Requiem* anstelle eines Baedekers in der Hand durch Lissabon zu flanieren und auf den Spuren Fernando Pessoas zu wandeln. Sie können sich Inhalten hingeben, die ihnen weder intellektuell noch emotional große Anstrengungen abverlangen, sich im Einklang mit dem Autor der Melancholie ob der vielen verpassten Gelegenheiten oder dem Wunschdenken angesichts des Unabänderlichen hingeben, und da sie diese Gefühle als literarische und ästhetisierte erkennen, fühlen sie sich dabei wohlig geborgen im Schoß der Literatur.

Das Histrionische an der Literatur unseres Aliens, die Tatsache, dass er viel zu dick aufträgt, die großen, hehren, authentischen topoi herkömmlicher Literatur – Melancholie und Utopie – ausstellt, wie ein Transvestit Weiblichkeit ausstellt, um nicht zu sagen nachäfft, sie künstlich erzeugt, um zu zeigen, worin Literatur besteht, sie eigentlich als pervertiert darstellt (als kindische Unzufriedenheit mit dem eigenen Leben beziehungsweise als verrückten Versuch, die Vergangenheit zu korrigieren), ist ihnen dabei kein Dorn im Auge, nie würden sie auf die Idee kommen, dass sich in dieser Simulation der Werte herkömmlicher Literatur auch der zynische Versuch erkennen ließe, die Literatur schlechthin der Lächerlichkeit preiszugeben sowie sich über sie, die Leser, die sich – kaum haben sie ein Buch geöffnet – reflexartig von diesen Gefühlen mitreißen lassen, lustig zu machen.

Kritiker und Literaturwissenschaftler schätzen das Werk

unseres Aliens aus denselben Gründen wie die Leser, auch wenn sie es zumeist nicht naiv, sondern wissend als postmoderne Literatur, als Essay über den Status quo der Literatur, lesen. Das Postulat, die postmoderne Welt sei von Serialität, Wiederholung und Déjà-vu geprägt, legitimiert die Kopie. Ein Widerstandskämpfer, der todkrank in seinem Bett liegt und einem Schriftsteller seine Erinnerungen in die Feder diktiert, kann demnach von seinem Leben nur so sprechen, als hätte er seine Erfahrungen einem neorealistischen Roman der 1950er Jahre entnommen. Literatur kann nur der Spiegel ihrer selbst sein.

Cornelia Klettke zufolge wird die Wirklichkeit in der Literatur der postmodernen Autoren, die sie auf der Folie der poststrukturalistischen Philosophie liest, durch die fingierte Welt der Simulation ersetzt. Trauer und Melancholie seien demnach nur als pseudopathetische Pose[53] denkbar. Genauso wie die postmoderne Theorie darauf abziele, den Platonismus zu unterminieren und das Scheinprinzip an die Stelle des Vernunftprinzips zu setzen, werde das Simulakrum, das Trugbild, zum Synonym der Schrift als Simulation. Die Postmoderne gelange so, indem sie die mimetische Darstellung der Wirklichkeit durch eine fingierte Welt der Simulation substituiere, zu einer Sichtweise der Kunst, die auf Lüge und gewolltem Irrtum beruhe. Die Sein-Schein-Thematik erweise sich somit als obsolet, genauso wie jede andere Gegenüberstellung von hoch und niedrig, Kunst und Kitsch.

Die Abende vergingen langsam, träge, blutrot durchglüht von wunderbaren Sonnenuntergängen. In die heißen und sehnsuchtsvollen Nächte, die darauf folgten, setzte der Leuchtturm auf der anderen Seite des Golfes seine tiefgrünen Seufzer. Es würde dir gefallen, wenn meine Erzählung so anfinge, nicht wahr? Du hattest immer eine Schwäche für Kitsch. Also kann ich meine Erzählung ruhig so beginnen. Die Abende beginnen langsam, träge, blutrot durchglüht von wunderbaren Sonnenuntergängen. In die heißen und sehnsuchtsvollen Nächte, die drauf folgten, setzte der Leuchtturm auf der anderen Seite des Golfes seine grünen Seufzer ...[54]

Cornelia Klettke sieht in diesem Angriff auf Ratio und Wirklichkeit einen Akt der Subversion. Die parodistische Absicht, wie sie sie unter anderem auch Tabucchis, „Requiem" bescheinigt, wird somit zum Um und Auf der postmodernen Kunst.

Man kann in dieser Haltung der Simulation, die sich der etablierten Formen der Literatur bedient, ohne sie mit deren ursprünglicher Energie zu füllen, die – anders als bei der herkömmlichen Parodie – die Hierarchien nicht kurzfristig, sondern auf Dauer aufgehoben haben möchte, jedoch auch einen zynischen Angriff auf alle Werte sehen, die den Menschen im Lauf der Geschichte teuer waren, auf Gefühle wie Trauer um unwiderbringlich Verlorenes, Hoffnung auf ein anderes, besseres Leben – Gefühle, die sie bevorzugt der Literatur anvertraut haben.

Abzuwarten bleibt, wie die Artgenossen unseres Aliens auf dem fernen Stern auf seine Literatur reagieren werden.

Anmerkungen

1 Zit. n. Herbert Herzmann: Mit Menschenseelen spiele ich. Theater an der Grenze von Spiel und Wirklichkeit. Tübingen 2006.
2 Sigmund Freud: Der Witz und seine Beziehung zum Unbewussten. Frankfurt am Main 1992.
3 Michael M. Bachtin: Literatur und Karneval. Zur Romantheorie und Lachkultur. Frankfurt am Main 1990.
4 Hermann Broch: Dichten und Erkennen. Zürich 1955.
5 So Walter Benjamins berühmte Definition der Übersetzung, zit. n.

Walter Benjamin: Gesammelte Schriften. Frankfurt am Main 1980, Band IV, S. 15.

6 So Antonio Tabucchi in *Die Manege erwacht*, einer Hommage an den spanischen Regisseur Pedro Almodóvar: „Das Leben ist ein Traum, das Leben ist ein Theaterstück, das Leben ist ein Zirkus: drei Darstellungsweisen des menschlichen Lebens, die gewissermaßen zu drei Axiomen der modernen europäischen Kultur geworden sind. ‚Das Leben ist ein Traum‘ ist ein barockes Axiom, das bei Calderón de la Barca seinen Ausgang nimmt, obwohl sein Ursprung bei Platon und den Neuplatonikern der Renaissance liegt, bei Shakespeare eine metaphysische Bedeutung erfährt und von Borges als Paradox formuliert wird (‚Wir träumen nicht nur unser Leben, sondern werden von ihm geträumt‘). Dass das Leben ein Theaterstück sei und wir bei dieser Aufführung die uns zugedachten Rollen spielen, ist ein verwandtes Thema. Auch dieses ist barocken Ursprungs, findet in Shakespeare seinen ersten großen Interpreten und taucht je nach Epoche und Künstler in unterschiedlichen Varianten wieder auf … Die zeitgenössische Variante, dass das Leben ein Zirkus sei, ist eine Erfindung der spätromantischen Literatur um die Wende zum 19. Jahrhundert und findet ihre großen Interpreten in Kafka, Beckett, Fellini und ihren Clowns …“ Antonio Tabucchi: Die Manege erwacht. In: lettre 73, Berlin 2006, S. 100.

7 „Das Barock liebte Irrtümer und Mißverständnisse“, schreibt Antonio Tabucchi im Vorwort zu seinem Erzählband *Kleine Mißverständnisse ohne Bedeutung*. „Calderón und andere erhoben den Irrtum zur Metapher der Welt. Wahrscheinlich beseelte sie die Zuversicht, unser Irrtum hier auf Erden werde sich an dem Tag in Nichts auflösen, an dem wir endlich aus unserem Traum, am Leben zu sein, erwachen. Auch ich erzähle von Irrtümern, obwohl ich nicht glaube, daß ich sie liebe; es reizt mich vielmehr, sie aufzuspüren … Vielleicht könnte mich die Überzeugung trösten, das Leben selbst sei mißverständlich und halte für uns alle Mißverständnisse bereit, aber das wäre möglicherweise ein anmaßendes Axiom, nicht unähnlich der barocken Metapher.“ Antonio Tabucchi: Kleine Mißverständnisse ohne Bedeutung. Wien–München 1986, S. 5.

8 Karin Fleischanderl: Die Literatur darf keinen Trost liefern. Interview mit Antonio Tabucchi. In: Arbeiterzeitung, Wien, 8. September 1990, S. 36 f.

9 Die im Folgenden zitierten Überlegungen zum Spielcharakter von

Barockdichtung und Wiener Moderne stammen aus Herbert Herzmann, op. cit.

10 Ulrike Landfester: Als wenn es zum Spaß wäre. Sprachkritik und Zeitdiagnose in Arthur Schnitzlers ‚Der grüne Kakadu'. In: Akten des X. Internationalen Germanistenkongresses. Wien 2000, Band 6, S. 397–403.

11 Zit. n. Antonio Tabucchi: Wer war Fernando Pessoa?. München–Wien 1992, S. 12.

12 Jorge Luis Borges: Obras Completas. Buenos Aires 1989, Band 2, S. 47.

13 Gérard Genette: Paratexte. Das Buch vom Beiwerk des Buches. Frankfurt am Main 1987, S. 157 ff.

14 Ibidem.

15 Das Vorwort ist ein fiktiver Pastiche aller Tabucchi-Vor- und Nachworte. Nur der letzte Satz stammt aus der editorischen Notiz zu *Die Frau von Porto Pim*. Antonio Tabucchi: Die Frau von Porto Pim. Geschichten von Liebe und Abenteuer. Berlin 1993, S. 73.

16 Karin Fleischanderl, op. cit.

17 Antonio Tabucchi: Der schwarze Engel. Müchen–Wien 1996.

18 Andrea Borsari: Cos'è una vita se non viene raccontata? Conversazione con Antonio Tabucchi. In: Italienisch: Zeitschrift für italienische Sprache und Literatur. Frankfurt am Main 1991/2, S. 2 ff.

19 Antonio Tabucchi: Indisches Nachtstück, München–Wien 1990.

20 Cornelia Klettke: Simulakrum Schrift. Untersuchungen zu einer Ästhetik der Simulation bei Valéry, Pessoa, Borges, Klossowski, Tabucchi, Del Giudice, De Carlo, München 2001, S. 141 ff.

21 Antonio Tabucchi: Lissabonner Requiem. München–Wien 1994, S. 7.

22 Einerseits weist Antonio Tabucchi das Etikett „postmoderner Schriftsteller" weit von sich. „Ich bin mehrmals als postmoderner Dichter bezeichnet worden, was mich sehr verwundert hat. Ich finde diese Definition schrecklich und unakzeptabel." Andererseits verleugnet er in bester postmoderner Manier – beinahe wortgleich mit Umberto Eco in der *Nachschrift zum ‚Namen der Rose'* – die Möglichkeit, subjektive Erfahrungen literarisch darzustellen. „Was wüssten wir über die Liebe", fragt er sich, „wenn uns nicht die Literatur davon erzählt hätte … alles was wir über die Liebe wissen, wissen wir, weil uns Catull, weil uns Stendhal, weil uns Victor Hugo darüber erzählt haben." Und weiters: „Was ist ein Leben wert, das nicht erzählt wird? …Wenn es keine Möglichkeit gäbe, darüber zu erzählen, würde es die Welt nicht geben." Andrea Borsari, op. cit.

23 Cornelia Klettke, op. cit.

24 An anderer Stelle zitiert Antonio Tabucchi Mario Vargas Llosa, der einmal gesagt haben soll, „eine Erzählung zu schreiben sei ein ähnlicher Vorgang wie ein Striptease. So wie das Mädchen sich im Licht eines schamlosen Scheinwerfers auszieht und ihre verborgenen Reize zur Schau stellt, so entblößt sich auch der Schriftsteller in Form seiner Erzählungen öffentlich." Tabucchi zufolge ist der Prozess bei der Erzählung allerdings ein umgekehrter: Während das Mädchen zu Beginn seiner Darbietung angezogen und am Ende nackt sei, sei der Schriftsteller am Beginn nackt und ziehe sich im Laufe der Erzählung an.

25 Antonio Tabucchi: Erklärt Pereira. Wien–München 1995.

26 Henri Bergson zufolge werden die „Typen" der Komödie mithilfe von Äußerlichkeiten beschrieben: „Um zu vermeiden, daß wir eine ernste Handlung ernst nehmen, um also unsere Heiterkeit zu erregen, muß sie zu einem Mittel greifen, das in folgender Regel enthalten ist: Die Komödie lenkt unsere Aufmerksamkeit auf die Gesten anstatt auf die Taten. Unter Gesten seien hier Haltungen, Bewegung, sogar Reden verstanden, durch die ein Seelenzustand sich ohne Absicht, ohne Nutzen, einzig getrieben von irgendeinem inneren Anreiz, offenbart. So gesehen unterscheidet sich die Geste deutlich von der Handlung. Die Handlung ist gewollt, auf jeden Fall bewußt; die Geste entzieht sich dem Bewußtsein, sie ist automatisch. In der Handlung gibt sich der Mensch ganz; in der Geste drückt sich ein isolierter Teil der Person aus, und zwar ohne deren Wissen oder doch zumindest außerhalb ihrer Totalität." Zit. n. Henri Bergson: Das Lachen. Ein Essay über die Bedeutung des Komischen. Zürich 1972, S. 95. Eine Handlung wäre demnach nur Pereiras abschließende Tat; dass er keine Trauerarbeit leisten kann, über die Maßen gezuckerte Limonaden trinkt, nicht an die Auferstehung des Fleisches glaubt etc., das wären Gesten.

27 Auch der Spieler im Casino erhöht den Einsatz zur Erhöhung des Spielreizes. Siehe dazu Herbert Herzmann: „Geld ist eine Sache des wirklichen Lebens. Man kann um oder mit Geld spielen. Wem es darum geht, mehr Geld zu gewinnen, dem ist seine Tätigkeit lediglich ein Mittel zum Zweck und damit kein Spiel. Er spielt bloß um etwas, er spielt, damit er reich wird, und verdirbt so den Charakter des Spiels. Dient ihm andererseits der Einsatz von wirklichem Geld dazu, den Reiz des Spiels zu erhöhen, bleibt sein Spiel ein echtes Spiel. Er spielt mit der Wirklichkeit, und das bedeutet: Er übersetzt die Wirklichkeit oder Teile aus ihr in das System des Spiels. Da-

durch, dass das Geld ein Bestandteil des Spiels geworden ist, verliert es freilich nicht an wirklichem Wert. Es bleibt Teil der Wirklichkeit und als solcher erhöht es das Risiko und damit den Reiz des Spiels. Es ist jedoch wichtig zu verstehen, dass das Geld nicht um seines wirklichen Wertes willen im Spiel vorkommt, sondern es sozusagen als Katalysator dient, mit dessen Hilfe das Spiel intensiviert wird. Der Spieler spielt nicht um das, sondern mit dem Geld." Herbert Herzmann, op. cit., S. 27.

28 Siehe dazu Herbert Herzmann, op. cit.

29 Das Paradigma aller dramatischen Spielmeister ist natürlich der Autor in Calderóns *El gran teatro del mundo*. „Er ist der Autor/Verfasser des Theaterstückes, das die Welt ist und somit mehr als ein bloßer Stückeschreiber: Er ist der allmächtige Schöpfer. Nachdem er die Rollen verteilt hat, überlässt er die Ausstattung und Regie des Stückes der Welt und begibt sich in die Situation des Beobachters/Zuschauers. Erst am Ende übernimmt er die Rolle des Kritikers bzw. des Richters, der die Schauspieler für ihre Leistungen belohnt oder bestraft. Die von ihm bestellte Aufführung soll der Verherrlichung seiner Rolle dienen ... Insofern die Menschen keine Möglichkeit haben, ihre Rolle selbst zu wählen, sind sie unfrei. Sie haben jedoch die Freiheit, ihre Rollen gut oder schlecht zu spielen. Entscheidend ist, was sie aus der Vorgabe machen. Aufgrund seiner Allmacht und Allwissenheit kennt er das Ergebnis seines Versuches im voraus, aber da er nicht vorausbestimmt, wie die Menschen die ihnen zugewiesenen Rollen zu spielen haben, ihnen also die Freiheit lässt, ihre Sache gut oder schlecht zu machen, behält das Schauspiel auf irdischer Ebene seinen Experimentalcharakter bei. Dem das zeitliche Nacheinander als ewige Gegenwart erfahrenden allmächtigen Autor bietet die Vorführung keine Überraschung und keine Spannung. Der Schöpfer steht somit über beziehungsweise außerhalb der Struktur des Spiels, dessen Mittelpunkt er gleichzeitig ist. Dem wirklichen Zuschauer ermöglicht die Struktur des Theaterstücks, beide Funktionen des Autors gleichzeitig wahrzunehmen." Zit. n. Herbert Herzmann, op. cit., S.123.

30 Siehe dazu Herbert Herzmann, op. cit., S. 162 ff.

31 Auch im Fall der eigenen Biografie beansprucht Tabucchi den Status der vom Zufall dominierten Komödie. Auf die Frage, warum er Lusitanist geworden sei, antwortet er in einem Interview: „Das war Zufall, wie so oft im Leben. 1964 habe ich ein Jahr in Paris verbracht, weil ich nicht so recht wusste, was ich mit meinem Leben anfangen sollte. In diesem Jahr besuchte ich sporadisch die Philo-

sophievorlesungen an der Sorbonne. Nach fast einem Jahr hatte ich das Gefühl, es sei an der Zeit, nach Hause zurückzukehren. Bevor ich am Gare de Lyon in einen Zug stieg, blieb ich am Seineufer bei einem Bouquinisten stehen und kaufte ein schmales Büchlein, das mich aus zwei Gründen interessierte. Erstens einmal war es billig und zweitens hatte es einen merkwürdigen Titel. Bureau de Tabac. Den Autor, Fernando Pessoa, kannte ich nicht. Aber französische Gedichte mit dem Originaltext daneben waren gewiss interessant. Kaum zu Hause inskribierte ich an der Universität, an der philosophischen Fakultät, und da ich immer schon ein Faible für französische, aber auch für spanische Literatur gehabt hatte, entschied ich mich für Romanistik. Ich stellte fest, dass es auch einen Lehrstuhl für portugiesische Literatur gab, und belegte die Vorlesungen. Den Rest hat dann das Leben besorgt." Aus einem Interview mit Alberto Scarponi, übersetzt für die Zeitschrift *lettre*.

32 Auch die Schwelle der Tür, die in dem Roman *Es wird immer später* eine Wiedergeburt verspricht, wird rein zufällig überschritten. „Es war Zufall. Aus reiner Neugier trat ich über die Schwelle dieser Taverne." Antonio Tabucchi: Es wird immer später. Roman in Briefform. München–Wien 2001, S. 26.

33 So der Titel eines Kapitels in Antonio Tabucchi: Es wird immer später, op. cit.

34 Sigmund Freund: Der Dichter und das Phantasieren. Zit. n. Herbert Herzmann, op. cit., S. 19.

35 *Kleine Mißverständnisse ohne Bedeutung*, op. cit., und *Das Umkehrspiel*, München–Wien 2000, das 1986 unter dem Titel *Der kleine Gatsby* erschien.

36 Antonio Tabucchi: Stimmen, die von irgendetwas hergetragen werden, wer weiß, wovon. In: Antonio Tabucchi: Der schwarze Engel, op. cit.

37 Antonio Tabucchi: Der Rand des Horizonts. München–Wien 1988.

38 Antonio Tabucchi: Das Umkehrspiel, op. cit., Vorwort zur zweiten Auflage, S. 7.

39 In: Antonio Tabucchi: Das Umkehrspiel, op. cit., S. 59 ff.

40 Karin Fleischanderl, op. cit.

41 Bei Herbert Herzmann findet sich auch der Gedanke, dass wir Menschen des 21. Jahrhunderts mit der Wirklichkeit „spielerischer" umgehen können als die Angehörigen früherer Gesellschaften. Wir können alles Mögliche ausprobieren – Beziehungen, Ehe, Berufe – und wieder von vorne beginnen, wenn es nicht passt.

42 Vermächtnis der Farben. In: lettre 68, Berlin 2000.

43 lettre 50, Berlin 2000.

44 Antonio Tabucchi: I volatili del Beato Angelico, Palermo 1987, S. 37 ff.

45 So Antonio Tabucchi im Nachwort zu dem Roman *Es wird immer später*, op. cit.

46 Christoph Meckel: Sätze für A. T.. In: Antonio Tabucchi: Das Umkehrspiel, op. cit.

47 Antonio Tabucchi: Die Geschichte der Unruhe. Eine persönliche Literaturgeschichte des 20. Jahrhunderts. In: lettre 55, Berlin 2001.

48 Antonio Tabucchi: Der verschwundene Kopf des Damasceno Monteiro. München–Wien 1997.

49 Antonio Tabucchi: Es wird immer später, op. cit.

50 Antonio Tabucchi: Tristano stirbt. Wien–München 2004.

51 Antonio Tabucchi: Der Fluss. In: Es wird immer später, op. cit., S. 20 ff.

52 Ibidem.

53 Antonio Tabucchi: Der kleine Gatsby. In: Das Umkehrspiel, op. cit., S. 85.

54 Antonio Tabucchi: Der kleine Gatsby. Erzählungen, München–Wien 2000, S. 85.

Ich in Serie

Zur Literatur Marlene Streeruwitz'

Der Titel frauen und fiction könnte bedeuten frauen und wie sie sind; oder er könnte bedeuten, frauen und die fiction, die sie schreiben; oder er könnte bedeuten, frauen und die fiction, die über sie geschrieben wird; oder er könnte bedeuten, daß alle diese drei fragen irgendwie unentwirrbar miteinander verbunden sind ...[1]

Eine zentrale These postmodernen Denkens besagt, dass in unserer Gesellschaft die Zeichen nicht mehr auf ein Bezeichnetes verweisen, sondern immer nur auf andere Zeichen, dass wir mit unserer Rede so etwas wie Bedeutung gar nicht mehr treffen, sondern uns nur in einer endlosen Signifikantenkette bewegen. Dieser These zufolge wäre das Zeichen, das Saussure noch als Einheit aus Signifikant und Signifikat beschrieben hat, zerbrochen.[2]

Ihr feministisches Pendant findet die postmoderne Literaturtheorie in den gender studies, die Weiblichkeit als reine Inszenierung sehen wollen. Geschlechtsidentität sei demnach nur eine Fabrikation/Einbildung, die ihre Genese verschleiert, eine auf der Oberfläche der Körper instituierte und eingeschriebene Phantasie, die auf keine wie auch immer geartete Wirklichkeit, schon gar nicht auf eine anatomisch-biologische, zurückzuführen sei, womit die gesamte Inszenierung der Geschlechterbezeichnung aus dem Diskurs von Wahrheit und Falschheit herausverlegt werden müsse. „Die These, dass die Geschlechtsidentität eine Konstruktion ist, behauptet nicht deren Scheinhaftigkeit oder Künstlichkeit, denn diese Begriffe sind Bestandteile eines binären Systems, in dem ihnen das ‚Reale' und ‚Authentische gegenüberstehen."[3] Die gender studies versuchen vielmehr zu begreifen, wie Geschlechts-identität diskursiv hervorgebracht wird und bestimmte kulturelle Konfigurationen die Stelle des „Wirklichen" eingenommen haben und durch diese geglückte Selbst-naturalisierung ihre Hegemonie festigen und ausdehnen. Geschlechtsidentität nach Judith Butler entspricht der postmodernen Technik der mise en abyme, der Entfesse-lung der Simulakren, die eine potentiell unendliche Ver-vielfältigung von Imitationen andeutet, deren Ursprung sich verloren hat. Die Kopie tritt an die Stelle des nicht mehr auffindbaren Originals, Travestie wird zur subver-siven Strategie, im Leben wie in der Literatur.

Auch Marlene Streeruwitz gibt sich postmodern. Sie beschreibt die Banalität des Alltags in der besten Tradi-tion der späteren Moderne, deren zentrale Erfahrung die Trivialität des Bestehenden ist, gleichzeitig werden als authentisch dargestellte Erfahrungen ständig durch den Verweis auf die Produkte der Trivialkultur ironisch ge-brochen. „Hier noch ein Wort zum Literaturbegriff: ich fasse diesen Begriff so weit wie möglich und beziehe ne-ben der Trivialliteratur auch Dialogisches wie Fernsehse-rien mit ein. Also alle Texte, die gelesen oder gehört wer-den. Vornehmlich im Alltag. Literarische Sonntagsmessen in Hochkultur interessieren mich nicht."[4] *Verführungen.*, die glaubhaft wirkende Darstellung des Lebens einer al-leinerziehenden Mutter, wird mittels Lektürevertrag (3. Folge. *Frauenjahre*) zum Fortsetzungsroman degradiert, *Lisa's Liebe* präsentiert sich optisch als Heftchenroman in drei Folgen, das Cover ziert jeweils ein dem gängigen Mädchen- und Frauenklischee entsprechendes Konterfei der Autorin. „Alle Zeichen stehen auf Kolportage, Tri-vialgenre und deren süßes Gefolge, Komplexitätsreduktion und Geradlinigkeit."[5] *Nachwelt* will ein „Reisebericht" sein, offenbart sich jedoch als durch und durch realistischer, konventioneller Roman, der abgesehen von Streeruwitz' notorisch kleingehackter Sprache kein Element der Verfremdung aufweist. Und *Partygirl.*, Streeruwitz' bislang letzter Roman, entspricht allen theoretischen Ansprüchen der postmodernen Literatur, die mittels „Doppelcodierung" Unterhaltung für das breite Publikum und literarischen Anspruch für die Bildungselite als getrennte Teile eines zerbrochenen Ganzen zusammenhalten will: Auf der Folie von Poes *gothic novel* „Der Untergang des Hauses Usher" erzählt Streeruwitz die Geschichte des nicht voneinander lassen könnenden Geschwisterpaares Roderick und Madeline. *Partygirl.* ist ein Hypertext im Sinne Genettes, der sich auf einen früheren Hypotext, eben Poes *Untergang*, bezieht. Die notwendig damit verbundene Umwertung besteht in der feministisch inspirierten Aufwertung der Rolle Madelines. „Die Aufwertung einer Figur besteht darin, ihr mittels einer pragmatischen oder psychologischen Transformation innerhalb des Wertsystems des Hypertexts eine Rolle zuzuschreiben, die wichtiger und/oder sympathischer ist als im Hypotext."[6] Bei Poe war Madeline bloß ein über die Gänge huschender Schemen gewesen, ein Symbol für die unterdrückten Triebwünsche des „Hysterikers" Roderick. Sie wird zwar lebendig begraben, lässt sich jedoch nicht ruhig stellen, sie pocht und ruft, bis er sich in einer letzten Umarmung mit ihr vereint und in die Tiefe reißen lässt. Das Haus Usher versinkt im Sumpf. Bei Marlene Streeruwitz ist Madeline die Hysterikerin, deren Befindlichkeiten in dreizehn Kapiteln ausgebreitet werden. Im Gegensatz zu ihrem männlichen Pendant in Poes Novelle trotzt sie jedoch standhaft allen Verlockungen, sie lässt sich zwar verführen, aber nicht in die Tiefe reißen (wie ja auch das Foto auf dem Cover suggeriert, das die Autorin im schwarzen Cocktailkleid zeigt: Der entblößte Oberkörper weiß wie der einer Marmorstatue, der Blick nach oben gerichtet, weg von dem bacchantischen Gelage, das verschwommen im Hintergrund zu sehen ist, unnahbar). Wie alle Protagonistinnen Streeruwitz' ist auch Madeline eine schöne Frau, eine Leidende und Suchende, sich selbst Entfremdete, die nie Erfüllung finden wird, reines Objekt der Begierde. Sie erlebt Annäherungs- und Verführungsversuche sonder Zahl, die sie stets passiv und mit mehr oder weniger großem Vergnügen über sich ergehen lässt:

Die Frau neben ihr hatte ihre Hand zwischen Madelines Beinen. Die Frau hielt sie von hinten. Streichelte mit der einen Hand ihren Busen. Mit der anderen spielte sie mit Madelines Schamlippen. Züngelte mit dem Zeigefinger nach der Klitoris. Fand die Klitoris. Madeline kam sofort. Ein kleiner Blitz löste sich zwischen ihren Beinen auf. Madeline seufzte. Dann schob sie die Frau weg. Sanft. Sie schob die Frau beiseite. Ging. Sie ging aus dem Zimmer. Schnell. Sie ging den Gang hinunter. Durch die Türen. In das Stiegenhaus. Sie lief die nackten Betonstufen hinunter. Sie zählte wieder nicht mit, wie hoch oben sie gewesen war.[7]

Poes *Untergang des Hauses Usher* ist eine Schauergeschichte, Marlene Streeruwitz inszeniert die Geschichte Madelines als Soap opera: Die Orte des Geschehens empfehlen den Roman zur Verfilmung: Chicago, Berlin. Havanna. Santa Barbara. Arezzo. Kreta. Wien. Baden. Perugia. In dreizehn, in zeitlich umgekehrter Reihenfolge erzählten Episoden, die in ihrer aufgeregten Wiederholung des Immergleichen durchaus einer TV-Serie würdig wären, wird die Geschichte des Geschwisterpaares Ascher vom Tod des Bruders in Chicago bis hin zur Aufnahmsprüfung Made-

lines im Gymnasium aufgerollt. Als nie ganz aufgeklärtes
Geheimnis schwebt der versuchte Mord des Vaters an seiner Familie über dem Ganzen. Nazi-Vergangenheit wird
zum Hintergrund, zur Staffage, die, ihrer politischen Implikationen verlustig gegangen, für Stimmung sorgen soll.
Dem postmodernen Postulat zufolge, wonach die Körper
zu Zeichen werden, gibt es keine Tiefe, nur noch Oberfläche. Bilder, Frauenbilder. „Das Reale wird vom medial
Vermittelten überschichtet und verflüchtigt sich in dessen
Vervielfältigung. Durch die Medialisierung der Wahrnehmung verwandelt sich die Wirklichkeit in eine stets schon
reproduzierte, ästhetisierte und damit nach Baudrillard
hyperreale Wirklichkeit der Simulation."[8] Die Dinge sind
als Realitäten erkennbar und wirken gleichzeitig wie Illusion, TV-Wirklichkeit.

Tatsächlich sind Marlene Streeruwitz' Figuren nur auf
den ersten Blick realistische Personen, die sich den wechselnden Anforderungen des Alltags stellen, auf den zweiten sind sie wandelnde Klischees, Denkmäler, Allegorien,
versehen mit Emblemen: Kindern, Designerkleidern und
Menstruationsflecken am Rock. Helene Gebhart aus *Verführungen.* und Lisa Liebich aus *Lisa's Liebe* sind Ikonen
der Frauenliteratur des 20. Jahrhundert, erstere leidet
unter der „umfassenden Unfreiheit der Mutterschaft"
(womit Marlene Streeruwitz allerdings eine Ausnahmestellung innerhalb der zeitgenössischen deutschsprachigen Literatur einnimmt – welche Autorin thematisiert
das Zusammenleben mit Kindern?), sie ist aufgrund des
verloren gegangenen Ehemanns ganz auf ihre Mutterrolle zurückgeworfen, geht auf in der Organisation des
Alltags, findet keinen Job, tröstet sich mehr schlecht als
recht mit Liebhabern, verzweifelt am Leben. Lisa Liebich

wiederum definiert sich ausschließlich über die Männer: Bringt der Postbote einen Brief, der ihrem tristen Dasein ein Ende setzt, findet sich endlich ein Mann, der sie glücklich macht?

Die großen Autorinnen des 20. Jahrhunderts schreiben bis in die 70er Jahre hinein nach wie vor übers Ewigweibliche, und zwar so, wie es ... in der Literatur seit Jahrhunderten festgeschrieben ist. Sie schreiben, Trauerarbeit bis zum Exzess leistend, über Resignation, Verzweiflung und Hoffnungslosigkeit. Und auffallend oft wird das notorische weibliche Unglück und Leid nicht als ein persönlicher Konflikt gesehen, der diese oder jene Lösung zuließe, sondern als die ewige und schon immer beschlossene Niederlage der Frauen gegenüber dem Realitätsprinzip des Mannes.[9]

Mit *Verführungen.* und *Lisa's Liebe* wird „weibliche Ästhetik", wie sie in der zweiten Hälfte des 20. Jahrhunderts definiert worden ist, wiederholt, zitiert, parodiert: als Verzicht auf Metaphysik, als Herstellung kontinuierlicher Gegenwart. Der eigene Körper, die persönlichen Beziehungen, die häuslichen Tätigkeiten rücken ins Zentrum des Interesses. Die inkommensurable, „dunkle" Seite der weiblichen Natur, das Bluten und Gebären, soll den männlichen Erkenntnis- und Besitzanspruch auf die Frau verwirren und kapitulieren lassen. Diese „Rückbindung der Kunst an eine Lebenspraxis"[10] privilegiert unter anderem auch die persönlichen Formen des Ausdrucks: „Die Attraktion, die Briefe, Autobiographien, Bekenntnisdichtung und Tagebücher für die Schriftstellerinnen haben, deutet darauf hin, welche Wirkung ein Leben hat, das als Kunst, beziehungsweise eine Kunst, die als eine Art Leben erlebt wird."[11] Vor allem in *Verführungen.* beschreibt Marlene Streeruwitz Alltäglichkeit ohne verborgenen Sinn, entwirft sie ein tautologisches Universum, wobei der verfremdende Effekt der kleingehackten Sätze sowie der Verweis auf die Trivialität, die Distanz zur bewussten Wiederholung schaffen sollen, der Darstellung, die durchaus als traditionell realistische durchgehen könnte, eher äußerlich sind. In der besten Tradition der „hysterisch-hypochondrischen Selbstbeobachtung"[12] inszeniert Marlene Streeruwitz Frausein noch einmal als Krankheit. Zu einem Zeitpunkt, wo Kinderkriegen und der undichte weibliche Körper nicht nur keine unumgängliche Wirklichkeit, sondern darüber hinaus gar nicht mehr erwünscht sind,[13] zeigt Marlene Streeruwitz mit dem Finger auf die blutende Wunde. Die Beschreibung der menstruierenden Helene Gebhart, der von einem wohlmeinenden Mediziner Ratschläge erteilt werden, wirkt glaubwürdig und dennoch überzogen, wie aus ein Film der 1950er Jahre:

Dr. Stadelmann hatte eine Medikamentenschachtel in der Hand. Er öffnete die Packung. Sah hinein. Schloss sie wieder. Er hielt sie Helene hin. Sie solle nach Hause fahren. Sich hinlegen. Und ein Valium nehmen. So starke Blutungen seien doch meistens auf Nervosität zurückzuführen. Ob sie Probleme habe. Seine Frau hätte das immer vor Prüfungen gehabt. Stumm stand Helene da. Das nasse Taschentuch in der Hand. Ihre Handtasche und die Unterlagen in der anderen. Dr. Stadelmann fuhr auf seinem Sessel an sie heran, öffnete ihre Handtasche. Steckte die Packung Valium hinein. Er fuhr wieder hinter seinen Schreibtisch. Helene warf einen Blick auf den Sessel, auf dem sie gesessen. Sie konnte nichts mehr sehen. Helene ging. Sie sah Dr. Stadelmann an und nickte. Sie zog hilflos die Schultern hoch. Sie durfte nichts sagen. Der erste Laut hätte die Beherrschung gekostet. Sie wandte sich ab. Schloss die Tür so schnell wie möglich hinter sich. Er sollte den Rock nicht von hinten sehen. Sie hatte beim Abwischen des Sessels immer darauf geachtet, ihm nicht den Rücken zuzukehren. Helene nahm den Standard, den sie im Supermarkt gekauft hatte und legte ihn auf den Autositz. Beim Aussteigen waren hellrote Flecken über den Nachrichten von einem Erdbeben in Los Angeles.[14]

Bei *Lisa's Liebe* ist der parodistische Ansatz nicht mehr zu übersehen. So blöd wie diese Lisa Liebich, die völlig unbewusst durch eine klischeehafte, sich auf halbem Weg zwischen Groschenroman und Mädchenroman à la Trotzkopf bewegende Welt torkelt, unfähig, sich aus dem Netz ihrer klischeehaften Wünsche zu befreien, kann heutzutage eigentlich keine Frau mehr sein. „Das Kleid zu dieser Aufführung stammt aus den Werkstätten des Kolportage- und Photoromans, die Hauptdarstellerin aus der Boulevardkomödie, Abteilung Unschuld aus der Provinz, die männlichen Nebenrollen hingegen direkt aus dem Leben, Abteilung Charakterschwein."[15] Wobei sich die Rezensentin nur in einem Punkt irrt, denn natürlich kann die Reduktion des Mannes auf die Rolle des skrupellosen Verführers auch nicht mehr sein als ein Klischee:

Der eine fährt mit ihr in einen dunklen Steinbruch, steigt zu ihr auf den Beifahrersitz und macht sich im Gehen immer schon die Hose auf. Der nächste vergisst Lisa über einem Rotweinfleck auf seinem Teppich, an dem er das ganze Rendezvous über herumrubbelt. Der übernächste nutzt die Abwesenheit seiner Kinder, um es mit Lisa nach dem Essen im Schlafzimmer zu machen. Der letzte fällt über Lisa im Haus ihrer verstorbenen Mutter her, weint, kauft das Haus und meldet sich nicht wieder.[16]

Die realistischste Gestalt in Steeruwitz' Werk ist wahrscheinlich Margarete Doblinger, die Ich-Erzählerin aus Nachwelt, die nach Los Angeles reist, um sich auf die Spuren von Anna Mahler zu begeben. Wenn sie nicht gerade ihrem verflossenen Liebhaber nachweint und ihre Beziehungsunfähigkeit im allgemeinen beklagt, bewegt sie sich im Mietwagen recht souverän durch das Dickicht der Highways, kauft chic ein, geht mit Bekannten essen. Nur hin und wieder, gewissermaßen als Reminiszenz, dass Weiblichkeit mit Hysterie gleichzusetzen ist, eine Flasche Wein statt des Abendessens, ein kleiner Erstickungsanfall in einer Umkleidekabine, Verstopfung, Regelschmerzen und Angst vor Brustkrebs. Madeline, das Partygirl, hingegen ist nur noch ein Objekt der Begierde, deren Passivität die der Lisa Liebich sogar noch übertrifft.

Marlene Streeruwitz gibt sich objektiven Bildern anheim. Ihre Frauenfiguren bluten, fühlen sich minderwertig, leiden an den Männern, lassen sich verführen, sehnen sich nach Liebe, genießen, haben hysterische Ängste, glauben, ihre Situation mit Hilfe feministischer Strategien verbessern zu können, wie es von der modernen (Frauen)Literatur und medial vermittelten Bildern festgelegt worden ist. In Marlene Streeruwitz' hyperrealistischer Darstellung schieben sich Filter zwischen das Objekt und den Wahrnehmenden, was die Unmittelbarkeit des Sehens verhindert. Die Frauen, die sie darstellt, werden durch die Optik des Trivialromans, des „Reiseberichts", der Soap-Opera verzerrt, wobei das Auge des Betrachters auf die Verzerrung gelenkt werden soll und nicht auf eine sich eventuell darunter verbergende Wirklichkeit.

Betrachtet man Marlene Streeruwitz' Werk in chronologischer Reihenfolge, so ergeben sich unterschiedliche Grade der Objektivierung: *Verführungen.* ist ein in der Tradition der Moderne geschriebener realistischer Roman, der wie die Frauenliteratur des 20. Jahrhunderts weibliche Befindlichkeiten thematisiert und in deren Aufbereitung so überzeugend ist, daß er ganz gut ohne den Untertitel *Frauenjahre. 3. Folge* auskommen könnte, wie die naive Reaktion vieler Rezipientinnen beweist: „Dieser Roman, den ich gerade verschlungen habe, geht direkt unter die Haut und mitten ins Herz. Ins Frauenherz jedenfalls."[17] Für den im Sinne der Postmoderne kundigen Leser schützt die ironische Klammer jedoch vor dem Vorwurf der naiven Wiederholung und erlaubt, Altbekanntes noch einmal aufzugießen. *Lisa's Liebe* ist der parodistische Ansatz nicht äußerlich aufgepappt, sondern inhärent, während sich in Nachwelt die Trivialität unbeabsichtigt aus dem linearen Verfahren selbst ergibt und nicht extra herbeizitiert werden muss. *Partygirl.* schließlich bedient eine von den Massenmedien korrumpierte Wahrnehmung, die Umberto Eco für die postmoderne Ästhetik zu retten versucht: Beim Betrachten der Serie glaube der Konsument, sich an der Neuheit der Geschichte zu erfreuen, während er faktisch die Wiederkehr eines konstanten narrativen Schemas genieße und sich freue, bekannte Personen wiederzufinden.[18] „In diesem Sinne entspricht die Serie dem infantilen, aber darum nicht krankhaften Bedürfnis, immer wieder dieselbe Geschichte zu hören, Trost zu finden an der (oberflächlich) maskierten Wiederkehr des Immergleichen."[19] Davon ausgehend formuliert Eco seine persönliche Variante der „Doppelcodierung": Während der unbedarfte Leser den Inhalt für bare Münze nehme, erfreue sich der Connaisseur nicht an der Wiederkehr des Immergleichen, sondern an den Variationsstrategien des Autors beziehungsweise an der Art, wie das Immergleiche behandelt wird, um es jeweils verschieden erscheinen zu lassen. Die Columbo-Serie im Fernsehen werde somit zu einer „exercise de style à la Queneau".

Diesem Ansatz folgend brächte auch Marlene Streeruwitz den (wissenden) Leser in den Genuss der Variation. Ihr Werk zeigt vor, dass man das Thema „Frau leidet an der Welt im allgemeinen und am Mann im besonderen" endlos variieren kann, von Werk zu Werk und im Werk selbst, wie in *Partygirl.*, wo mit minimalen Abweichungen immer wieder dieselbe Situation vorgeführt wird: Eine Frau wird verführt.[20] Die Feinspitze unter den Lesern könnten sich somit an Marlene Streeurwitz' Literatur delektieren wie an serieller Musik oder einer Belcanto-Arie, während die Idioten am Inhalt hängen bleiben, am Mythos.

In Simulakrum Schrift beschreibt Cornelia Klettke die postmoderne Strategie folgendermaßen:

Hinter der Maske der Schöpfergestalten geriert sich der Autor in der Rolle des Lusor, der den Text als Spiel simuliert. In ironischer Verstellung täuscht er mit seinen Trugbildern eine Illusionswelt vor. Der Text wird zur ironisch-parodistischen Inszenierung, die zugleich eine Selbstinszenierung ist. An die Stelle der Repräsentation tritt die maskierte Zurschaustellung und damit die Präsentation bzw. die Selbstpräsentation, die auch freilich zur ironischen Selbstzelebration geraten kann, ohne dass der Autor je mehr als etwas Belangloses von sich preisgeben würde. Im Spiel von Verhüllung und Enthüllung trägt die Selbstpräsentation des Autors exhibitionistische Züge, wobei der Leser nolens volens in die Rolle des Voyeurs gedrängt wird. Er wird jedoch getäuscht, da die Zurschaustellung paradoxerweise eine Verhüllung ist.[21]

Der so definierte postmoderne Autor spricht also doch von sich, wenn nicht in höchst narzisstischer Weise nur von sich, ohne sich dazu bekennen zu wollen. Der Mythos, der Inhalt ist somit nicht nur ein beliebiges kompositorisches Versatzstück, sondern er ist aufgerufen, der entfremdeten Subjektivität Ausdruck zu geben. Auch wenn bei der postmodernen Literatur wie bei der seriellen Musik das Handwerkliche im Vordergrund stehen mag, so wählt doch jeder postmoderne Autor seinen eigenen, ihm entsprechenden Mythos. Der italienische Autor Antonio Tabucchi schlüpft in die Haut Fernando Pessoas, der selbst schon ein Meister der Travestie war, Marlene Streeruwitz hängt sich überkommene Frauenbilder um wie alte Mäntel. Die Hülle, die Verhüllung sei alles, verkündet die postmoderne Literaturtheorie unisono mit den gender studies, darunter gebe es nichts zu entdecken: keine Körper, keine Geschlechtsorgane, keine individuellen Wünsche und Phantasien. Die Bilder seien die „wahre Wirklichkeit" (merkwürdig übrigens, dass der Totalität der Simulation zum Trotz immer noch von einer „wahren Wirklichkeit" gesprochen werden kann). Doch schon das banale Beispiel der Mode beweist, dass das Äußere nach wie vor aufgerufen ist, unser Innerstes zum Ausdruck zu bringen: „Wer bin ich denn? Was wollen wir? Was tragen wir? Bei der Mode geht es immer auch um das Thema Identität", titelt Die Zeit am 12. September 2002.

Die Postmoderne legitimiert die Haltung, nicht wissen zu wollen, was sich unter dem Rock, der Hose verbirgt. Die bereits sanktionierten Phantasmen der anderen müssen herhalten, um die eigenen vorzuführen. Subjektivität ergießt sich in vorgeformte Formen. (Was ja nichts Neues ist in der Literaturgeschichte, neu ist nur, dass diese Haltung von Teilen der postmodernen Theorie als einzig mögliche und avancierteste ausgegeben wird.) Das Zitat, das im Text so manchen postmodernen Autors eingestandenermaßen „im Gewand des Harmlosen und der Phrasenhaftigkeit" daherkommt, soll die „Ungeheuerlichkeit"[22] garantieren, auf die die postmoderne Literatur ihrem postulierten Spielcharakter zum Trotz doch immer wieder Anspruch erhebt.

Auf dem Sockel des Zitats errichtet der postmoderne Autor sich selbst ein Denkmal, das abendländische Bildungsgut dient der Selbsterhöhung. Marlene Streeruwitz' Literatur gibt zu erkennen, dass sie gerne von sich spricht, dies jedoch, anders als etwa Elfriede Jelinek, die zu diesem Zweck in die Abgründe der Analität und des Sadismus steigt, nur in idealisierter Weise tun kann, so wie ihr bevorzugtes Stilmittel, der „kastrierte Satz", laut Daniela F. Mayr eher eine Stilisierungsform denn ein Stil[23], Literarizität garantieren und den Absturz in die unfreiwillige Trivialität des hemmungslosen Geschichtenerzählens verhindern soll.

Marlene Streeruwitz reproduziert Frauenbilder (und sich selbst als Bild), in denen sich Frauen wieder erkennen sollen und offenbar auch gerne wieder erkennen. Frauen sind schön und begehrenswert, lautet das Thema, das Marlene Streeruwitz zum Ergötzen der Leserinnen, der gebildeten wie der ungebildeten, unablässig variiert, sie werden unablässig begehrt und verführt, wobei der Genuss vielleicht doch eher im Inhaltlichen besteht, in der Bestätigung des eigenen Wunschbildes, denn in der abstrakten Vielfalt der Variation. Außerdem sind sie Opfer der Männergesellschaft. Abstrahiert man Marlene Streeruwitz' Figuren von ihren jeweiligen Bedingungen, so fließen sie zu einem einzigen Bild zusammen, einer Allegorie, einem Ideal, dem zwar die Lebendigkeit abhanden gekommen ist, das dafür aber Tugenden hochhält wie Fackel und Schwert. Helene, Lisa, Margarete und Madeline fühlen sich zwar als Opfer, behalten aber irgendwie den Kopf oben, stehen ihren Mann, beweisen, dass es auch ohne Männer geht, wenn nicht gar besser. Sie lassen sich nicht gemein machen von den Männern, die angeblich nur ihre unmittelbare Befriedigung und ihre Karriere im Kopf haben. Ich halte stand, ich stehe meinen Mann, ich bin besser als jeder Mann, sagen Marlene Streeruwitz' Frauenfiguren in zweiter, allegorischer Lesart, und sei es um den Preis der Lebendigkeit, um den Preis von Beziehungen, um den Preis der Liebe. Im Grunde beißen sich die Männer die Zähne aus an diesen schönen, unnahbaren Marmorfiguren, die sich zwar sexuell befriedigen, jedoch niemals zufrieden stellen lassen. Ihr Genuss besteht darin, sich begehren zu lassen, im Triumph über die Männer. Die Femme fatale, die sich zur besseren Tarnung etwas leidend gibt, lässt grüßen. In der immerwährenden Reproduktion dieses Wunschbildes, im Roman sowie am Cover, besteht der wahrhaftigste Gehalt von Marlene Streeruwitz' Literatur. Das medial erzeugte Bild offenbart sich als ureigene Phantasie.

Der Feminismus hat in diesem Panorama keine emanzipatorische Funktion mehr, er ist zu einem Dauerzustand geworden, der in seiner erstarrten Mischung aus Klage und Selbstzufriedenheit keine Änderung bewirken, sondern nur noch erpressen will: Er ist das phallische Schwert, das der Allegorie in die Hand gedrückt wird, um die Männer zu schrecken und ein paar Vorteile für sich herauszuschlagen.

Und hier schließt sich auch der Kreis zur Person Anna Mahlers, auf deren Spuren sich Margarethe Doblinger in Nachwelt begibt. Mag es auf den ersten Blick zufällig erscheinen, dass die Protagonistin gerade ihr nachspürt (gerechtfertigt allein durch die Tatsache, dass Marlene Streeruwitz irgendwann einmal eine Anna-Mahler-Biographie schreiben wollte), offenbart sich allmählich eine immer größere Wesensgleichheit zwischen den Streeruwitzschen Frauengestalten und ihr: Auch Anna Mahler hatte es sich gemütlich eingerichtet in ihrem vermeintlich beschädigten Leben, ihrer Unzufriedenheit. Einerseits gekränkt, dass sie nie als eigenständige Künstlerin anerkannt wurde, sondern immer nur als Tochter Gustav Mahlers gehandelt wurde, konnte sie sich andererseits auch nicht durchringen, auf ihren Namen und die damit verbundenen Privilegien zu verzichten. Auch wenn sie zuweilen als

Opfer ihres künstlerisch übermächtigen Vaters und ihrer tyrannischen Mutter Alma erscheinen mag, hat sie letzten Endes von ihrer Rolle als ewige Tochter offenbar mehr profitiert, als sie unter ihr gelitten hat.

Postmoderne ist keine posthistoire. Postmoderne ist die in ihr vorletzt letztes Stadium eingetretene Moderne, sie bedeutet die Gestaltung des von der Moderne hinterlassenen Materials beziehungsweise die Fortsetzung der Moderne mit anderen Mitteln, denn außer Frage steht, dass bestimmte Formen unseres kulturellen Erbes ein abgeschlossenes Kapitel darstellen, für das es keine Fortsetzung mehr geben kann.[24] „Postavantgarde, die Kunst ‚danach‘, kündigt die innovatorische Dynamik der Moderne auf, sie ist durch ein Nebeneinander von realistischer und avantgardistischer Kunst, durch die Gleichzeitigkeit des radikal Verschiedenen charakterisiert.“[25] Unter Umständen lässt sich eine postmoderne Kunst als eigenständige, von der Moderne unabhängige gar nicht nachweisen, sondern allenfalls eine veränderte Einstellung sowohl zur Kunst als auch zur Theorie: So stellt sich bei der Lektüre der sogenannt postmodernen Literatur entweder heraus, dass sie keine anderen Kategorien hervorbringt als solche, die schon durch die Analysen eines Kunstwerks aus der Epoche nach dem ersten Weltkrieg hätten gewonnen werden können, oder dass sie ihre Epigonalität unverschämt als Avanciertheit verkauft.[26] Um die Frage des Authentischen kommt somit auch die Postmoderne nicht herum:

Vom Vorwurf der Epigonalität sind postmoderne Kunstwerke nur dann freizusprechen, wenn sie in ihrer Struktur nicht vorgängige Muster abbilden, sondern den Stand epigonaler Entfremdung selbst reflektieren, in dem sich das gegenwärtige Bewusstsein gegenüber allen Konventionen und Gehalten vergangener Kunstepochen befindet. Die Postmoderne ist als Kunst ex negatione zu keiner genuinen Formschöpfung fähig; das Epigonale ist ihr Wesensprinzip. Authentizität wird ihr nur als paradoxe zuteil, im Zerrbild der Distorsionen, mit dem die entfremdete Subjektivität der Marmorlandschaft musealer Formen ihre Spuren einprägt.[27]

Auch Marlene Streeruwitz' Werk, ihre Literatur und vor allem die in den Paralipomena zum Werk zum Ausdruck kommende Haltung ist Ausdruck dieses „vorletzt letzten Stadiums", radikal verschiedene Positionen leben gleichberechtigt nebeneinander. Einerseits inszeniert sie Subjektivität als glatte Oberfläche der Bilder, andererseits stellt sie lebensmäßige und künstlerische Haltungen der Moderne aus wie im Archäologiemuseum, wobei nicht immer ganz klar ist, ob es sich dabei um wertvolle Fundstücke handelt oder um wertlose Scherben: der Feminismus, der Anspruch auf Erkenntnis, die Forderung der Avantgarde, die Lebenspraxis umzugestalten – alles da. In ihren Tübinger Poetikvorlesungen verstrickt sie sich in die modernen „Aporien aller dichotomisch strukturierten Dialektiken von Innen und Außen, Oben und Unten, Eigentlich und Uneigentlich"[28], wenn sie nämlich postuliert, dass „literarisches Schreiben und Lesen, wie alle Prozesse von Sprachfindung, mögliche Formen des In-sich-Hineinblickens" sind.

Sind Schnitte in die sichtbare Oberfläche, um tiefere Schichten freizulegen. Sind Forschungsreisen ins Verborgene. Verhüllte. Mitteilungen über die Geheimnisse und das Verbotene. Sind Sprachen, die das Sprechen der Selbstbefragung möglich machen. Und sie so zur Erscheinung bringen.[29]

„Literarisches Schreiben und Lesen führt im besten Fall zu Erkenntnis", postuliert sie, darüber hinaus möchte sie, wie einst die Avantgarde, etwas bewirken mit ihrem Schreiben. „Und was bringt mir das beim Frühstück?", ist das Leitmotiv in ihren Tübinger Poetikvorlesungen, das verhindern soll, in „selbstzweckisches Abstrahieren zu geraten".[30]

Offenbar gibt es doch eine Wirklichkeit, die sich unter verschiedenen Mystifizierungen verbirgt:

Ich kenne eben keinen Grund, auch keinen ideologischen, eine Metapher zu verwenden. Es kommt eben darauf an, welchen Literaturbegriff man aus der Westentasche zieht. Es geht doch in der Literatur sicher immer darum, herauszufinden, was dahinter steckt. Wenn man allerdings den metaphorischen Nebelwerfer in Betrieb setzt, wird dadurch nur eine vermutete Wirklichkeit weitergeschrieben. Mir geht es darum, die Nebel zu lichten ... die Metapher ist eine Hilfskonstruktion, um sich der kalten Realität der Beschreibung zu entziehen, der Versuch, schwierige Stellen zu umgehen. Das ist mir zu gekünstelt.[31]

Und Streeruwitz' Legitimierung ihres bevorzugen Stilmittels, der kleingehackten Sprache und der eigenwilligen Interpunktion, liest sich wiederum wie eine unfreiwillige Parodie auf die Avantgarde:

Der vollständige Satz ist eine Lüge. Im Entfremdeten kann nur Zerbrochenes der Versuch eines Ausdrucks sein ... Die Formel Subjekt/Objekt/Verb ist ein Angriff. Mit dem Punkt kann der vollständige Satz verhindert werden. Der Punkt beendet den Versuch. Sätze sollen sich nicht formen. Im Stakkato des Gestammels. In den Pausen zwischen den Wortgruppen ist das Suchen zu finden. Nach sich. Nach Ausdruck. Sind die Sprachleeren preisgegeben. Keine Zuflucht, sich ein Sätzchen mit nach Hause zu nehmen und in Kreuzstichmuster aufzuhängen. Sprache wird zerstückelt in ihre endgültige Säkularisierung. Kein hoher Ton als Einladung und Verführung mitzumachen. Teilzunehmen. Sich aufzulösen.[32]

Nebenbei klebt Marlene Streeruwitz Collagen in bester Schwitters-Manier, und auch *Lisa's Liebe* wird von allerlei Objéts trouvés aus Lisas vorgeblichem Alltag aufgelockert: Fotos, Briefen, Zeitungsausschnitten, Aufsätzen aus dem Schreibkurs. Entsprechend der Definition der

Postmoderne als „willkürliche Kannibalisierung aller traditionellen literarischen Stile, als Spiel von willkürlichen Anspielungen"[33] werden moderne Haltungen einverleibt, durchgekaut und mehr oder weniger unverbunden wieder ausgespuckt. Die Materialien sind beliebig verfügbar, alles kann noch einmal durchgespielt und zusammengebastelt werden.

Auffällig ist jedoch die Metapher (sic!), die sie für literarische Erkenntnis findet:

> In Mittelafrika gibt es einen Stamm, bei dem den jungen Männern zur Initiation der Bauch aufgeschnitten wird. Die Initianten müssen auf ihr und in ihr Inneres in der geöffneten Bauchhöhle blicken. Danach wird der Bauch wieder geschlossen ... Nachdem die erste emotionale Abwehr des Bildes abgeklungen ist, läßt sich die ihm innewohnende Poesie zur Kenntnis nehmen. Handelt es sich doch um ein schönes Sinnbild dessen, was wir alle tun müssen.[34]

Weit kann es mit der Erkenntnis jedoch nicht her sein, wenn Schamanismus und falscher Zauber aufgerufen sind, den Blick in unser Inneres zu eröffnen. Wir befinden uns also nach wie vor im Bereich der Simulation. Bezeichnenderweise gerät Marlene Streeruwitz gerade die Formulierung moderner Positionen zum postmodernen Pastiche, das laut Jameson im „Tragen einer stilisierten Maske" beziehungsweise im „Sprechen in einer toten Sprache" besteht.[35]

Genauso stumpf wie das Messer, das den afrikanischen Initianten angeblich den Bauch öffnet, ist der Feminismus, den Marlene Streeruwitz den Verhältnissen ansetzt. Dieser liest sich ebenfalls wie seine eigene Parodie, wie eine krause, um Originalität bemühte Neuformulierung altbekannter Positionen, denen noch einmal Leben eingehaucht werden soll:

Das Mädchen muss seine Unwertigkeit erkennen, der Mutter die durch seine Existenz verlorene Freiheit über ein erfolgreiches Männerleben nicht zurückzahlen zu können. Wie der Sohn das kann. Und muss. Als junge Frau wird sie die Erkenntnis von Freiheit erwerben, die sie aber erst nur männlich simulieren kann. Gibt sie den Weg zur Freiheit da noch nicht auf, steht ihr die bittere Erkenntnis des Frau-Seins bevor. Die Kenntnisnahme der Nicht-Rangigkeit. Es ist eines der schwierigsten Unternehmungen, in aller Denkbarkeit die eigene Unwertigkeit aufgrund des Weiblichseins zu formulieren. Sich also diesen Zustand einzugestehen, ihn auszusprechen und danach oder davor nicht schon zu verzweifeln ...[36]

„Was gibt einer Autorin das Recht, ihre Leserinnen mit derartigen Gemeinplätzen und Belanglosigkeiten zu behelligen?" fragt sich Daniela F. Mayr. „Marlene Streeruwitz geht von kulturgeschichtlichen, sprachtheoretischen und entwicklungspsychologischen Annahmen aus, die wenn nicht längst überholt, so doch zumindest überhaupt fragwürdig geworden sind im Laufe der vergangenen beiden Jahrzehnte ... so erweist sie sich in ihren theoretischen Überlegungen als antiquierte Vertreterin einer frühfeministischen Repressionshypothese, deren Darstellung in ,Sein. Und Schein. Und Erscheinen' darüber hinaus so ziemlich alles unterbietet, was feministische Theoriebildung in den letzten Jahren geleistet hat."[37]

Die Formen, in denen sich das postmoderne Bewusstsein äußert, sind versteinert, museal, die Antworten sind alle gegeben, doch die Fragen der Moderne, etwa wie es nun stehe mit den Frauen und ihrer „Gleichberechtigung" und „Emanzipation", sind noch immer offen. Die Postmoderne rettet Subjektivität als entfremdete und Weiblichkeit als entwertete. Ausgerechnet der Versuch, den weiblichen Körper zum Verschwinden zu bringen, weist die Wortführerinnen der gender studies als Frauen aus. Nur als Frau kann man sich inniglichst wünschen, keine zu sein.

Aus der Distanz betrachtet, enthüllt sich Butlers Dekonstruktion von Geschlecht, Differenz und Identität als ein weiteres Kapitel im Buch der Kränkung, das nach wie vor verzeichnet, daß es besser wäre, als Mann geboren zu sein.[38]

Auch Marlene Streeruwitz' Literatur entspricht der Forderung nach Inszenierung. Was sich darunter an Wahrhaftigen, tatsächlichen Kränkungen, Wünschen oder Sehnsüchten verbirgt, ist nicht mehr auszumachen.

Anmerkungen

1 Virginia Woolf: Ein Zimmer für sich allein. Aus dem Englischen übersetzt von R. Gerhart. Berlin 1978, S. 41.

2 Christa und Peter Bürger (Hrsg.): Postmoderne: Alltag, Allegorie und Avantgarde. Frankfurt am Main 1992, S. 7.

3 Judith Butler: Das Unbehagen der Geschlechter. Aus dem Amerikanischen von Kathrina Menke. Frankfurt am Main 1991, S. 60.

4 Marlene Streeruwitz: Sein. Und Schein. Und Erscheinen. Tübinger Poetikvorlesungen. Frankfurt am Main 1997, S. 11 f.

5 Iris Radisch: Und erlöse uns von der Schönheit. In: Friedbert Aspetsberger (Hrsg.): Hier spricht die Dichterin. Wer? Wo? Zur Konstitution des dichtenden Subjekts in der neueren österreichischen Literatur. Innsbruck 1998, S. 195.

6 Gérard Genette: Palimpseste. Die Literatur auf zweiter Stufe. Aus dem Französischen von Wolfram Bayer und Dieter Hornig. Frankfurt am Main 1993, S. 464.

7 Marlene Streeruwitz: Partygirl. Frankfurt am Main 2002, S. 328.

8 Cornelia Klettke: Simulakrum Schrift. Untersuchungen zu einer Ästhetik der Simulation bei Valéry, Pessoa, Borges, Klossowski, Tabucchi, Del Giudice, De Carlo. München 2001, S. 221.

9 Marlis Gerhardt: Stimmen und Rhythmen. Weibliche Ästhetik und Avantgarde. Darmstadt / Neuwied 1986, S. 82.

10 Gislind Nabakowski, Helke Sander, Peter Gorsen (Hrsg.): Frauen in der Kunst. Frankfurt am Main 1980.

11 Susan Gubar: Das unbeschriebene Blatt und die Fragen einer weiblichen Kreativität. In: Sara Lennox (Hrsg.): Auf der Suche nach den Gärten unserer Mütter. Darmstadt 1982, S. 117.

12 Katharina Rutschky: Emma und ihre Schwestern. Ausflüge in den real existierenden Feminismus. München 1999, S. 50.

13 „Vorsichtig ausgedrückt haben moderne Gesellschaften nicht die notorische Neigung, Frauen zu diskriminieren, sondern die Tendenz, sie überflüssig zu machen. Heute gibt es keine Frau mehr, die in ihrem Leben nicht mehr Gedanken und Mühe, Geld und Zeit für Empfängnisverhütung, Geburtenplanung oder Abtreibungen verwandt hat und verwenden musste als auf die raren Ereignisse von Empfängnis, Schwangerschaft und Geburt. " Ebd., Katharina Rutschky, S. 48.

14 Marlene Streeruwitz: Verführungen. 3. Folge. Frauenjahre. Frankfurt am Main 1996, S. 192.

15 Iris Radisch, op. cit., S. 195.

16 Ebd., S. 197.

17 Renate Möhrmann in EMMA, zit. n. Marlene Streeruwitz: Verführungen., op. cit., S. 2.

18 Umberto Eco: Die Innovation im Seriellen. In: Über Spiegel und andere Phänomene. München / Wien 1988, S. 155 ff.

19 Ebd., S. 160.

20 Auch Pornographie besteht, nebenbei gesagt, in der seriellen Fabrikation von Bildern, die Menschen auf ihre Geschlechtlichkeit reduzieren.

21 Cornelia Klettke, op. cit., S. 290 f.

22 Ebd., S. 202.

23 Daniela F. Mayr: Ibich habibebi Dibich sobi liebib!. Marlene Streeruwitz ins Tagebuch geschrieben. In: Friedbert Aspetsberger, op. cit., S. 202 und 208.

24 Siehe dazu Ferenc Fehér: Der Pyrrhussieg der Kunst im Kampf um ihre Befreiung. Bemerkungen zum postmodernen Intermezzo. In: Christa und Peter Bürger (Hrsg.), op. cit., S. 13 ff.

25 Andreas Kilb: Die allegorische Phantasie. Zur Ästhetik der Postmoderne. In: Christa und Peter Bürger, op. cit., S. 94.

26 Siehe dazu Karin Fleischanderl: Des Kaisers neue Kleider. Schreiben in Zeiten der Postmoderne. Wien 1994.

27 Andreas Kilb, op. cit., S. 87.

28 Daniela F. Mayr, op. cit., S 199.

29 Marlene Streeruwitz, op. cit., S. 9.

30 Ebd., S. 8 f.

31 Interview mit der Zeitschrift Falter: Wir können alles sagen. Wien, Juni 2002.

32 Marlene Streeruwitz: Sein. Und Schein. Und Erscheinen. S. 76.

33 Frederic Jameson: Postmodernism. On the Cultural Logic of Late Capitalism. In: New Left Review 146, 1984, S. 65 f.

34 Marlene Streeruwitz: Sein. Und Schein. Und Erscheinen., S. 7 f.

35 Zit. n. Judith Butler, op. cit., S. 204.

36 Marlene Streeruwitz: Sein. Und Schein. Und Erscheinen., op. cit., S. 34.

37 Daniela F. Mayr, op. cit., S. 203.

38 Katharina Rutschky, op. cit., S. 54.

In finsterer Unschuld
Marlen Haushofer gegen den Strich gelesen

Schon zu Lebzeiten galt Marlen Haushofer als altmodisch:

Was und wie diese Autorin schrieb, war damals unzeitgemäß, querständig gegen die avantgardistische Moderne, an die die deutschsprachige Literatur mit Enzensberger, Grass, Johnson, Martin Walser eben wieder Anschluß gefunden zu haben schien.[1]

Marlen Haushofers Literatur ist gekennzeichnet von einem moderaten Rückgriff auf die Techniken der literarischen Moderne. Immer wieder ist von Träumen die Rede, die nicht nur referiert und nacherzählt, sondern vor den Augen des Lesers inszeniert werden: Etwa in ihrem berühmtesten Roman *Die Wand*, wo über Nacht besagte Wand entsteht und die Protagonistin von der Außenwelt isoliert. Von nun an lebt sie in einer anderen Wirklichkeit, im Wald, obwohl sie versucht, dies zu leugnen: „Ich hätte mich lieber mit einer kleinen Verrücktheit abgefunden als mit dem schrecklichen unsichtbaren Ding."[2] Oder in *Die Tapetentür*, wo Annette, als sie die Realität nicht mehr aushält, eine bisher nicht dagewesene Tür in der Wand entdeckt und auf dem Rücken eines Hundes in ein fernes Kindheitsparadies davon reitet.

Elisabeth Lenk setzt den Beginn der „traumartigen Literatur" mit dem Jahr 1870 an, als Lewis Carolls *Alice im Wunderland* und Lautréamonts *Chants de Maldoror* erschienen.[3] Die „traumartige Literatur", deren Funktion darin bestehe, jenen Teil der Wirklichkeit zu enthüllen,

der unter gesellschaftlichen Imperativen nicht wahrgenommen werden darf, weil er im Widerspruch zu dem
Bild steht, das die Gesellschaft von sich selbst hat, „brachte die Sprache selbst zum Träumen"[4]. Marlen Haushofer,
deren Protagonistinnen sich siebzig Jahre später in andere
Welten träumen, nimmt die Technik für sich in Anspruch,
entkleidet sie jedoch ihrer sprachlichen und gedanklichen
Radikalität: Die Welt jenseits der Wand kommt in All-
tagsfloskeln daher und bietet sich als Trostmechanismus
an, nicht als Aufforderung zur Subversion.

Mit Vorliebe bedient sich Marlen Haushofer aus dem
Fundus jener Strömungen, die die Gewalttätigkeit hinter
der Sozialfassade thematisieren: „Der große Hahn faßte
den dünnen Hals des Kindes mit dem schwarzen Schnabel
und stolzierte, den zuckenden, strampelnden Körper hin
und her schlenkernd, über den Platz und verschwand im
Palast-Hotel"[.5] Die Metaphern, mit denen Marlen Haushofer die Triebhaftigkeit ihrer Personen bebilderte, waren
wahrscheinlich selbst in den fünfziger Jahren wenig ori-
ginell, um nicht zu sagen Klischees. Ihre weiblichen Protagonistinnen ziehen sich immer wieder in den „Wald"
zurück, es wimmelt nur so vor Treibjagden, Jägern und
Jagdhütten, weißen und schwarzen Krähen, Schlächtern
mit blutigen Schürzen und „rothaarigen Frauen, die mit
jedem Mann anbändeln". Die Protagonistin aus *Die Man-*
sarde möchte einen „Vogel zeichnen, der nicht der einzige
Vogel auf der Welt ist"; genauso wie die Ich-Erzählerin
aus *Die Wand* fürchtet sie sich davor, sich in ein Tier zu
verwandeln: „Vielleicht würde ich langsam aufhören, ein
Mensch zu sein, und würde bald schmutzig und stinkend
umherkriechen und unverständliche Laute ausstoßen ...
Ich will nicht, dass mir dies zustößt. In letzter Zeit habe

ich gerade davor die größte Angst, und diese Angst läßt mich meinen Bericht schreiben."[6] „Manchmal habe ich Angst, dass die Stunden, die ich mit X verbringe, mich in etwas verwandeln, was ich mir nicht vorstellen kann."[7] Die leicht erkennbaren Bilder wiederum, die Marlen Haushofer für die Vorgänge des Verdrängens und Erinnerns findet, werden so arglos eingesetzt, als wolle sie ein halbes Jahrhundert nach Freud die Psychoanalyse neu erfinden: Die Ich-Erzählerin aus dem Roman *Die Mansarde* etwa erhält plötzlich Botschaften aus der Vergangenheit, die sie gewissermaßen an sich selbst abschickt, und in denen von einem früheren Aufenthalt der Protagonistin im „Wald" in Gesellschaft eines allegorischen „Jägers" die Rede ist. Diese Botschaften aus den Tiefen des Unbewussten, die sie mit einem Gefühl der Schuld entgegennimmt, werden in die lichten Höhen der Rationalität, sprich der Mansarde befördert, gelesen, um schließlich wieder im Keller verbrannt zu werden.[8] Und die Beschäftigung mit dem Unbewussten erweist sich als befruchtend, denn sie findet dadurch zu künstlerischem Ausdruck.

Die Personen sind in eine Aura der Allgemeinheit getaucht (der Jäger, X, der Menschenmann), um den Eindruck zu betonen, dass sie keine Individuen, sondern „Universalien" sind – und der Leser durch sie eine tiefreichende Einsicht in die Wirklichkeit gewinne – prompt definiert Hans Weigel den Roman *Die Wand* als Beschreibung der *condition humaine*. Gleichzeitig schreibt die Allegorie die Bedeutungen ein für allemal fest: Jäger ist gleich Mann ist gleich Triebhaftigkeit ist gleich Mörder.

Marlen Haushofers Werk besticht mit diesen Bildern, die ihre Interpretation gewissermaßen selbst mitliefern. Eindeutigkeit anstelle von Mehrdeutigkeit, die, so Umberto Eco[9], die poetische Botschaft kennzeichne und für Überraschung sorge, indem sie sich als Verstoß gegen den Kode realisiere; bei Marlen Haushofer hingegen sorgt die Eindeutigkeit dafür, dass sich kein Zweifel hinsichtlich der Bedeutung der Botschaft einschleicht. Sie schreibt dem Leser vor, welche Empfindungen er zu haben hat, welche Reaktion sie sich von ihm wünscht. Im Fall der *Wand* hat es Angst zu sein. Dabei wäre die Situation ja klaustrophobisch genug – eine Frau wacht auf und stellt fest, dass die Jagdhütte, in der sie sich befindet, von einer gläsernen Wand umgeben ist, und dass sie von der Außenwelt abgeschnitten ist – doch scheint sie sich ihrer Sache so wenig sicher zu sein, dass die Angst sich nicht aus der Situation ergeben darf, sondern ständig behauptet werden muß. Die Redundanz trägt dazu bei, die Eindeutigkeit der Botschaft zu betonen. Marlen Haushofers Ich-Erzählerin spricht unablässig von ihrer Angst, sie fürchtet sich gewissermaßen anstelle des Lesers, sie hat „größte Angst", „närrische Angst", die Angst „kriecht von allen Seiten auf sie zu", die Angst „saß abends am Tisch", sie ist „außer sich vor Angst", sie fürchtet sich so ausgiebig, dass es fast schon komisch wirkt, wenn man aufzählt, wovor allem sie Angst hat: vor Kreuzottern und ihren Träumen, vor den Menschen und davor, dass der Stier die Kuh beim Geschlechtsakt verletzt, sie fürchtet sich davor, den Verstand zu verlieren, vor dem Tod und dem Winter, vor Gewittern, vor Zyklamen, beim Lesen schauriger Geschichten, sie zittert, fröstelt und friert.[10] Auch ihren Bericht schreibt sie im Grunde nur, um die Angst zu bannen:

Ich rechne nicht damit, dass diese Aufzeichnungen jemals gefunden werden. Im Augenblick weiß ich nicht einmal, ob ich es wünsche.

Vielleicht werde ich es wissen, wenn ich den Bericht zu Ende geschrieben habe ... Ich habe diese Aufgabe auf mich genommen, weil sie mich davor bewahren soll, in die Dämmerung zu starren und mich zu fürchten. Denn ich fürchte mich.[11]

Die Moderne hat eine Menge Kunstwerke hervorgebracht, die Angst und Bedrohung unmittelbar, kommentarlos und deshalb umso effizienter vermitteln: Marlen Haushofers Literatur hingegen besteht fast nur aus redundantem Kommentar, aus Überlegungen, Behauptungen, Schuldzuweisungen, aus larmoyantem Räsonieren über die böse Welt draußen und die eigene Güte, Sorge, Liebe, Solidarität, wie geschaffen für ein Publikum, das sich gerne als herzensgut erleben möchte:

Es gibt keinen Ausweg, denn solange es im Wald ein Geschöpf geben wird, das ich lieben könnte, werde ich es tun, und wenn es einmal wirklich nichts mehr gibt, werde ich aufhören zu leben. Wären alle Menschen von meiner Art gewesen, hätte es nie eine Wand gegeben ... Aber ich verstehe, warum die anderen immer in der Übermacht waren. Lieben und für ein anderes Wesen sorgen ist ein sehr mühsameres Geschäft als zu töten und zu zerstören.[12]

Ein Verdacht drängt sich auf: Sind die langwierigen Beteuerungen der Angst und der eigenen Güte etwa ein Vorwand, versucht diese Literatur mithilfe der weit vor sich her getragenen Schablonen und Klischees nicht viel mehr zu verdecken als preiszugeben? Die Aura der Allgemeinheit lenkt von der eigenen Person ab. Denn hinter der Fassade der Gutherzigkeit lauert Mordlust. Ganz am Ende des Romans, beinahe schamhaft versteckt, nachdem zweihundertfünfzig Seiten lang fleißig geheut und gejätet, gemolken und geschrubbt worden ist, geschieht ein Mord. Die Protagonistin erschießt mehr oder weniger affektlos, in einem Nebensatz, einen Eindringling, der davor ihren Stier umgebracht hat. Zwei Fliegen auf einen

Schlag, ist man versucht zu sagen. Hätte sich die Ich-Erzählerin und mit ihr die Autorin die jahrelange Plackerei auf der Alm erspart, wenn sie den Mann gleich auf den ersten zehn Seiten hätte sterben lassen?

Von dieser Doppelzüngigkeit ist Marlen Haushofers gesamtes Werk geprägt. Das Böse ist immer nur außerhalb der Wand vorhanden. Ihre weiblichen Personen hingegen sind Unschuldslämmer, scheinbar ohne sexuelle und aggressive Regungen, die sich als große Liebende stilisieren und an der feindlichen Umwelt zerbrechen. Sie empfinden die Welt draußen als „eine einzige Treibjagd", sie meinen, die Welt stürbe an „Kälte und Gleichgültigkeit", sie behaupten, die Katastrophe wäre nicht eingetreten, sprich die Wand im gleichnamigen Roman wäre nicht entstanden, wenn doch nur alle so liebten wie sie, sogar das Blut an der Schnauze einer toten Maus stürzt sie in Verzweiflung. Sie definieren sich über das Leiden (das Leiden sei das „Hoheitssiegel" des Menschen, schreibt Annette in ihr Tagebuch), während alles Sexuelle, Triebhafte sie von außen bedroht. Dabei haben sie es faustdick hinter den Ohren und wissen sich ihrer Haut durchaus zu wehren. Betty aus *Eine Handvoll Leben*, verlässt ihren Mann, ihren Liebhaber und ein kleines Kind, um in der Fremde ein neues Leben zu beginnen, Annette aus *Die Tapetentür* lehnt das Kind, das in ihr heranwächst, von Anfang an so sehr ab, dass es der Logik der Geschichte entsprechend bei der Geburt nur sterben kann. Schuld daran sind jedoch die Ärzte, die sich zu spät zu einem Kaiserschnitt entschieden haben. Im Roman *Die Mansarde* tauchen plötzlich mysteriöse Botschaften aus der Vergangenheit auf, die von einem Aufenthalt der Protagonistin „im Wald", in Gesellschaft eines allegorischen Jägers handeln.

Aber natürlich hatte sie sich nicht freiwillig in die Büsche geschlagen, sondern eine physiologisch nicht zu erklärende Taubheit, ein hysterisches Symptom also, hatte sie dazu gezwungen. Und angeblich hat Marlen Haushofer einen Roman geschrieben, in dem drei Frauen einen ungesühnten Mord an einem Mann begehen. Hans Weigel soll ihr von der Publikation abgeraten haben, worauf sie ihn angeblich verbrannt hat.

Die Bösen, Lebenslustigen, Rothaarigen, sind bei Marlen Haushofer immer die anderen, abgespaltene Ich-Anteile, so wie im Märchen die gute Mutter immer tot ist und die böse Stiefmutter die undankbare Aufgabe hat, der Tochter nach dem Leben zu trachten. „Luise war eine leidenschaftliche Jägerin, eine gesunde rothaarige Person, die mit jedem Mann anbändelte, der ihr über den Weg lief".[13] Auf die Spitze getrieben findet sich diese Haltung in der Novelle *Wir töten Stella*, in der die „gute Mutter" beklagt, dass Stella von ihrem Mann verführt, sitzengelassen und in den Selbstmord getrieben worden ist, während die böse Mutter, die Stella abgeschoben und somit das Verhängnis erst in Gang gebracht hat, gerade mal im Eingangssatz Erwähnung findet.

Dem Klischee entspricht das Symptom: Etwas wird gesagt, indem es nicht gesagt wird. Was das Ich nicht an sich wahrhaben will, kehrt aufgrund mehr oder weniger geglückter Abwehrmechanismen von außen zurück, als Traum, als Halluzination, als Dämon. Insofern haftet Marlen Haushofers Literatur etwas absichtslos Harmloses, Naives, oder weniger wohlwollend gesagt, etwas Falsches, Katholisches, Verlogenes, an: Niemand – weder die weiblichen Figuren, noch die Ich-Erzählerinnen und schon gar nicht die Autorin – scheint wissen zu wollen, wovon eigentlich die Rede ist: Und so findet das Sexuelle, Triebhafte außerhalb der Erzählung statt, wird en passent in einem Nebensatz erwähnt, tritt in kryptischen Anspielungen auf oder präsentiert sich beinahe augenzwinkernd („eh schon wissen") als Allegorie.

Tatsächlich hat die plötzliche, im Rahmen der Erzählung nie ganz geklärte Entstehung der Wand, das Auftauchen der Briefe aus der Vergangenheit, die die Protagonistin mit einem diffusen Gefühl der Schuld entgegennimmt, von der sie nicht weiß, worauf sie sich bezieht, das plötzliche Vorhandensein einer Tapetentür, durch die Annette auf dem Rücken eines Hundes davon reitet, das Eindringen des Mannes ins Innere der Wand (immerhin lässt sie ihn eindringen) etwas Halluzinatorisches, Unstimmiges, das unvermittelt und unaufgeklärt wie ein erratischer Block inmitten einer ansonsten völlig ausgeleuchteten Alltagswelt steht. Die „unbürgerlichen Ausschweifungen" in der Mansarde bestehen darin, „einen Vogel zu zeichnen, der nicht der einzige ist" (wahrscheinlich kann man von einer Autorin der fünfziger Jahre nicht verlangen, vom Vögeln zu sprechen, andere Bilder zu finden, jedoch schon), und die Ich-Erzählerin aus *Die Wand* erschießt lieber einen Mann, als sich „in ein Tier zu verwandeln", Betty aus *Eine Handvoll Leben* erinnert sich ausführlichst an ihre leidvollen Erfahrungen im Internat, in ihrer Ehe und mit ihrem Liebhaber, bevor sie endlich in den Zug steigt und in die Freiheit aufbricht. Dort sitzt ihr ein Mann gegenüber: „Die Freiheit starrte ihr entgegen aus den kalten, lüsternen Augen dieses fremden Mannes".[14] Doch immerhin scheint sie zu wissen, dass sie nicht vor ihrer Familie davonläuft, sondern vor ihren eigenen ambivalenten Gefühlen:

Und dann ertappte sie sich zum erstenmal bei dem Wunsch, Toni, Lenart und das Kind möchten tot sein und sie befreit von der unerträglichen Last des Gefühls. Noch einmal fühlte Betty das Grauen, das dieser Entdeckung folgte. Es war mit schuld daran, daß sie nie wieder eine enge Bindung eingegangen war. Sooft Elisabeth in Zukunft das Kind in die Arme schloß, ließ der einmal gedachte Gedanke sie erstarren und zurückweichen.[15]

In der *Wand* schließlich wird das Töten (von Tieren) als Notwendigkeit dargestellt, die man gar nicht genug verabscheuen kann, doch selbst in der moralischen Entrüstung bebt noch ein wenig der abgewehrten Erregung mit:

Diesen Abscheu vor dem Töten verlor ich nie. Er muß mir angeboren sein .. und ich fühlte mich krank. Ich wußte, es kam davon, daß ich immer wieder töten mußte. Ich stelle mir vor, was ein Mensch empfinden mag, dem Töten Freude macht. Es gelang mir nicht.[16]

Marlen Haushofer spricht ständig vom Töten, will jedoch nichts davon wissen. Lieber ziehen sich ihre Protagonistinnen in die Isolation zurück, hinter die Wand, in die Mansarde, streifen einsam durch die Wälder, als sich ihren mörderischen Impulsen zu stellen. Übrig bleibt eine gewaltsam von aller Gewalt befreite Zone, wo Frauen nur als Hausfrauen denkbar sind und die Natur eine desexualisierte Idylle mit Almhütten und blühenden Wiesen ist. Im Schatten des Mythos vom männlichen Aggressor lässt es sich ungestraft morden und töten. Und sind die Menschen einst abgeschafft, kann man auch herrlich lieben: Hund und Katz, Stier und Kuh. Menschenfeindlichkeit gepaart mit Naturverherrlichung und idealisierter Mütterlichkeit, gab es das nicht schon einmal? Ahnungslos zeigt sich Marlen Haushofer auch hier, und das gut zwanzig Jahre, nachdem sich eine reale Katastrophe ereignet hatte.[17]

Und wenn ihr, beziehungsweise einer ihrer Figuren einmal die Wahrheit dämmert, wird in blindwütiger Abwehr geschrubbt und geputzt: „Es war eine mühevolle Beschäftigung, bald tat mir der Rücken weh vom vielen Bücken. Ich war aber wie besessen von der Vorstellung, daß ich diese Arbeit, soweit es mir möglich war, erledigen mußte. Sie beruhigte mich und brachte einen Hauch von Ordnung in die große schreckliche Unordnung, die über mich hereingebrochen war", heißt es in der *Wand*.[18] Noch deutlicher sagt es die Ich-Erzählerin in *Wir töten Stella*: „Aber das Grauen und das Wissen um die Wahrheit, die man nicht wissen sollte, sind eingefügt in die Ordnung des Alltags. Ja, ich klammere mich an diese Ordnung, an die regelmäßigen Mahlzeiten, die täglich wiederkehrende Arbeit, die Besuche und die Spaziergänge. Ich liebe diese Ordnung, die es mir möglich macht zu leben."[19] Und in *Die Mansarde* wird Putzen ganz unverblümt als Antidepressivum beschrieben: „Aus unerfindlichen Gründen war ich nach der Aufheiterung, die Ferdinand mir beschert hatte, immer tiefer abgesunken und jetzt saß ich auf dem Grund fest. Wenn das geschieht, darf ich nicht anfangen, mich zu bemitleiden oder zu verhätscheln. Dann gibt es nur ein Mittel: ich muß mir einen Tritt geben; dazu hat es bis jetzt immer gereicht. Ich muß sofort die unangenehmste Arbeit in Angriff nehmen, die es gibt, ohne Erbarmen ..."[20] „Eine wunderbar anstrengende Arbeit ist das, man muß unter Verrenkungen unter Kästen langen, Möbel verschieben, der Rücken schmerzt, und die Hände brennen. Es gibt nichts Besseres gegen lästige Gedanken."[21]

In finsterer Unschuld hat Marlen Haushofer auch sich selbst als Opfer stilisiert, und da sich Opfer immer leichter verkaufen lassen als Sieger, hat der Literaturbetrieb die Legende bereitwillig übernommen: Marlen Hausho-

fer als Opfer der engen 1950er Jahre-Verhältnisse, des
Literaturbetriebs, der sie nie so richtig gewürdigt hat, als
Opfer ihres Mannes, der sie zu einem zu einem Dasein als
Hausfrau und Mutter in der österreichischen Provinz gezwungen habe, während sie sich in „Wirklichkeit", was
immer das ist, zu etwas ganz anderem berufen fühlte.
In ihren Briefen stellte sich Marlen Haushofer als Die-
nerin, als Sklavin ihrer Familie dar, als Märtyrerin, der
das Hausfrauen-Dasein kaum Zeit zum Schreiben ließ
(und ihr früher Krebstod schien diese Heiligenlende noch
zu besiegeln). Doch das Bild hat Sprünge. Schon Daniela Strigls Biografie[22], die der Autorin zweifellos nicht
am Zeug flicken will, zeigt unbeabsichtigt, einfach aufgrund der Darstellung der Fakten, einen Menschen, der
durchaus mit Kalkul und kühler Brutalität zu handeln
verstand: Als sie zwanzigjährig in Wien schwanger wird
und die Verbindung zum Vater ihres Kindes aus heute
nicht mehr auffindbaren Gründen in die Brüche geht, heiratet sie kurzentschlossen einen anderen, jenen Zahnarzt
aus Steyr, der gewissermaßen als Ekel vom Dienst in die
Literaturgeschichte eingehen sollte (was er, wie sich seine Patienten erinnern, auch zweifellos war, doch scheint
ihm seine Frau in nichts nachgestanden zu haben: zwei
oberösterreichische Grantscherme, die sich gegenseitig
nichts schuldig blieben). Das neugeborene Kind depo-
niert sie bei der Mutter einer Freundin, wo es bis zu seinem vierten Lebensjahr bleibt. „Ich könnte nicht flüchten
und meine Tiere im Stich lassen. Dieser Entschluß ent-
sprang keiner Überlegung und keinem Gefühl. Etwas war
in mir eingepflanzt, das es mir unmöglich machte, An-
vertrautes im Stich zu lassen", schreibt sie zwanzig Jahre
später in *Die Wand*. Aber auch später, als der Sohn aus

ihrer früheren Beziehung zumindest dem Schein nach in die Familie Haushofer aufgenommen wird, bleibt er ein ungeliebter Außenseiter. Er darf nicht mit auf Urlaub, und als er als Kaufmannslehrling seiner Mutter zum Geburtstag ein Stück geblümten Stoffs schenkt, verscherbelt sie es zu einem Spottpreis ihrer Nachbarin. Marlen Haushofer hat sich einmal von ihrem Mann scheiden lassen, ohne sich jedoch räumlich von ihm zu trennen, um ihn ein paar Jahre später ein zweites Mal zu heiraten. Er hatte eine Geliebte, doch auch sie hat sich, wie aus der Biografie hervorgeht, durchaus mit Männern eingelassen, die ihr als Schriftstellerin von Nutzen sein konnten: Hakel, Weigel, Federmann. „Wenn ich heute lese", hat eine anonyme Jugendfreundin Marlen Haushofers zu Protokoll gegeben, „was da alles in die Bücher hineininterpretiert wurde, kann ich nur lachen; die besondere Sympathie für die Frauen, welch ein Unsinn." Marlen habe immer „vor allem ihren Vorteil gesucht". [23] „Fast pervers gutmütig" sei sie gewesen, meint Jeannie Ebner[24], und Dorothea Zeemann pfeift auf die Frauensolidarität: „Ihre Sanftmut ist rasend", sagt sie von ihrer Schriftstellerkollegin, bezeichnet sie als „tief und böse", „hochmütig und begrenzt" und spricht von „verbissener Selbstverleugnung": „Frauenliteratur? Marlen Haushofers Verzicht ist die totale Verweigerung." [25] Bei Marlen Haushofer wird selbst die Liebe noch zur Waffe: „Dabei ist es seit jeher mein Bestreben, ein fast triebhafter Drang, Gegensätze zu versöhnen, Harmonie zu erzeugen und die große Schizophrenie zu heilen ... Unablässig produziere ich Liebe und wickle damit alles wie in Watte ein, gerade wie der Organismus Kavernen in der Lunge abkapselt." [26]

Man könnte das Kapitel Marlen Haushofer mit der

Bemerkung abschließen, sie sei eben eine konventionelle, konservative Schriftstellerin gewesen, die zu Lebzeiten zwar mit Preisen ausgezeichnet worden war, deren Werk jedoch nicht einmal übermäßig bekannt war und außerhalb der Landesgrenzen kaum rezipiert wurde, und das wahrscheinlich mittlerweile genauso in Vergessenheit geraten wäre wie das ihrer Weggenossen Weigel und Federmann, hätte es da nicht die feministische Renaissance der achtziger Jahre gegeben, die noch immer anhält und in deren Folge Marlen Haushofer zu einer der meist gelesenen Autorinnen der neuen Frauenbewegung avancierte.[27]

Tatsächlich drängt sich Marlen Haushofers Literatur geradezu auf, feministisch interpretiert zu werden. Einerseits macht sie das leidvoll erlebte Hausfrauendasein, die unbefriedigenden Geschlechterbeziehungen zum Thema, andererseits scheint sie mit den Metaphern der *Wand*, der *Mansarde*, der *Tapetentür* genau jenen „doppelten Ort" anzusprechen, den der Feminismus als konstitutiv für die Situation der Frau im Patriarchat entworfen hat.[28]

In Marlen Haushofers Literatur erkennt die feministische Kritik die eigenen Wünsche und Abwehrmechanismen wieder. Frauen als Opfer, als ständig müde, erschöpfte, depressive Wesen, als lebende Leichname, die ihre ganze Kraft in ihre Verweigerung investieren, von patriarchalischen System in die Isolation getrieben werden oder die Männer völlig zu Recht eliminieren, handelt es sich doch um nichts anderes als Notwehr. Der feministische Diskurs zementiert frau in ihrer Verantwortungslosigkeit ein, was immer sie tut, ihr Handeln kann nichts anderes sein als ein patriarchalischer Reflex: „Die Dichotomie zwischen den Geschlechtern ... wird kompliziert durch die Sichtweise, dass die Frau in der patriarchalischen Ordnung zugleich beteiligt und ausgegrenzt ist".[29] Wenn frau also mordet und tötet, ist sie eine Komplizin der Männer: „Die Gewalt der patriarchalischen Ordnung spiegelt sich selbst noch im utopischen Raum der Frau".[30] Wenn Frauen hingegen leiden und mit Selbstmordgedanken spielen, „sich in entfremdenden Haus- und Familienpflichten radikal einkerkern, treiben sie ihren Ausschluß aus der Gesellschaft aufs Äußerste".[31] Hat man sich einmal auf den circulus vitiosus eingelassen, gibt es kein Entrinnen mehr: Wenn weibliche Leser wiederum eine weibliche Utopie nicht gelten lassen wollen, solange diese einen Mord impliziere, kann nur die weibliche Sozialisation daran schuld sein, die nicht einmal Selbstverteidigung zulasse. „An Rache, die in jedem Befreiungskampf eine Rolle spielt, ist dann schon gar nicht mehr zu denken."[32]

Gegen die feministische Kritik ist von vornherein einzuwenden, dass Frauen beziehungsweise das Weibliche nicht das einzige Heterogene in einer homogenen Gesellschaft sind, und dass sie mit Absicht an den Inhalten festhält und nicht an der Form. „Denn erzählerisch schlicht, ohne sprachliche oder formale Experimente, schreibt sie eine fließend zu lesende Prosa. Doch in ihren oft am Küchentisch verfaßten Texten liegt die Herausforderung nicht im Sprachlichen, sondern im Inhaltlichen."[33] Das eingestanden Konventionelle, Hausbackene tritt somit zurück zugunsten der unterstellten Bestandsaufnahme der Nicht-Existenz der Frau im Patriarchat. Allenfalls wird aus der Not eine Tugend:

Den Romanen ist also eine Erzählsprache auferlegt, ein Ton, der die Leere nicht nur unterstreicht, sondern auf eine elementare Weise konstituiert. Der Sprache der haushoferschen Romane, der Sprechweise ihrer Ich- Erzählerinnen wohnt ein Zug des Immer-Schon-Gewussten, des prinzipiell Spannungs- und Überraschungslosen inne, durch den es nichts wirklich Neues, keine Veränderung und keine Auswege mehr gibt. Damit aber wird die Sprache zum eigentlichen Gefängnis, zu einem hermetischen Raum, der in dieser Bedeutung die erzählten Geschichten in ihrer lapidaren Aussichtslosigkeit nur unterstützt.[34]

Das Literarische wird zwar als notwendig vorausgesetzt, denn immerhin findet Marlen Haushofer nicht deshalb Beachtung, weil sie eine Zahnarztgattin aus der Provinz war, die sich in Briefen oder Telefongesprächen über ihre Diskriminierung beklagte, sondern eben, weil sie ihr Unbehagen auf eine Weise äußerte, die den Anspruch stellt, Literatur zu sein, worauf jedoch das Literarische diskret unter den Tisch fallen gelassen wird. Man begnügt sich mit Haushofers Anspruch auf Literarizität, der sich im Rückgriff auf die Stilmittel der Moderne, im Verweis auf den künstlerischen Konsens manifestiert, und da Kunst ja als Garant für Authentizität gilt, wird jede Behauptung automatisch zur höheren Wahrheit, steht für eine tiefreichende Einsicht in die Dinge. Was sonst will die Behauptung, ihre Texte seien am Küchentisch entstanden, besagen, als dass sie eine größere Nähe zu den Dingen des Lebens besäßen als die so manch männlichen Autors? Der Beliebigkeit sind somit Tür und Tor geöffnet: Um Marlen Haushofer einerseits in einem Atemzug mit Daniel Defoe, dem Existenzialismus, mit Ingeborg Bachmann und Goethe etc. zu nennen, reichen die Ähnlichkeit der Motive (Stella!), andererseits ist nicht mehr feststellbar, ob eine Behauptung in kritischer Absicht gemacht wird oder um den status quo zu zementieren. Im Sinne der feministischen Kritik kann man Haushofers Literatur ja auch unterstellen, sie kritisiere die Verhältnisse der fünfziger Jahre, die es einer Frau eben unmöglich machten, sexuelle und aggressive Regungen zum Ausdruck zu bringen oder gar zu empfinden. Stellt Marlen Haushofer das Böse dar oder möchte sie sich reinwaschen, indem sie es immer nur in den Augen der anderen sieht? Diese Fragen sind nur auf der Ebene der Ästhetik zu entscheiden.

Im Umgang mit Feministinnen stellt man des Öfteren fest, dass diese zwar gerne klagen, an ihrer beklagenswerten Situation im Grunde jedoch nicht viel verändern wollen. Insofern scheint der feministischen Kritik gerade das Triviale der haushoferschen Literatur entgegenzukommen: die Ideologie von der Unveränderbarkeit der Verhältnisse gepaart mit Trost. Die Annette aus *Die Tapetentür*, die Ich-Erzählerin aus *Die Mansarde* leben ihr Leben unverändert weiter, obwohl ihnen im Verlauf der Erzählung einiges zugestoßen ist, was sie hätte belehren müssen. (Die fünfziger Jahre!, erhebt sich augenblicklich der Chor der Feministinnen, doch: Wir befinden uns im Bereich der Literatur!) Annette lässt sich davon trösten, dass die Frau des Fischers, den sie in einem Urlaubsort kennenlernt, verrückt geworden ist und das Leben darob ganz normal weitergeht, und die Ich-Erzählerin aus *Die Mansarde* vögelt nicht, sondern malt einen Drachen mit gelben Augen, ein Ungeheuer aus der Kinderstube. Und über die Freiheit Bettys aus *Eine Handvoll Leben* erfahren wir nichts, ihr Aufbruch in die Freiheit hat dramaturgisch nur die Funktion, das frustrierende Leben davor Revue passieren zu lassen. Was Umberto Eco anhand von Eugene Sue feststellte, gilt auch für Marlen Haushofer: „Die Veränderung löst zwar einen Knoten, aber sie entfernt nichts, sie ändert nicht den Faden ... In den *Geheimnissen* ändert sich niemand.... Es geschieht nichts, was irgend jemand beunruhigen müßte. Der Leser ist getröstet, sowohl weil Hunderte von wunderbaren Dingen geschehen, als auch, weil diese Dinge die Wellen der Realität nicht beeinflussen. Das Meer rollt weiter, nachdem einen Augenblick lang geweint, gelacht, gelitten oder genossen worden ist. Das Buch setzt Belohnungsmechanismen in Gang, deren umfassendster und trostreichster der ist, dass alles in Ordnung bleibt. Und was sich ändert, ändert sich lediglich in der Phantasie"[35]: Frauen töten einen Mann, leben im Wald ihre Triebhaftigkeit und ihre Allmachtsgefühle aus, verlieren ihre Kinder.

„Im günstigsten Fall führt literarisches Schreiben und Lesen zu Erkenntnis", heißt es in Marlene Streeruwitz Tübinger Poetikvorlesungen[36]. Im ungünstigsten zu Heuchelei und Mystifizierungen, wie bei Marlen Haushofer, deren vorfabrizierte Jäger, Mansarden, Wände, Wälder ein Chaos aus Trieben und Wünschen, Abwehrmechanismen und schlechtem Gewissen bannen sollen. Mit einer Ausnahme: Einzig und allein im ungefährlichen, weil unrettbar verlorenen Raum der Kindheit, in ihrer Autobiographie *Himmel, der nirgendwo endet*, gestattet sich Marlen Haushofer Subjektivität. In der von Zwergen und Kobolden bevölkerten Welt hat das magische Denken noch Berechtigung, die Dinge sind belebt, und die kleine Meta, das Alter Ego der Autorin, ist ein vitales, widerborstiges Mädchen, das sich seiner Regungen durchaus bewusst ist:

So geschieht es immer wieder, daß sie in höchster Not Mama überfällt, sie in die Wange beißt und sie würgt ... Meta starrt ihre Hände an. Ein bißchen Sand haftet darauf und ein bißchen Grasgrün. Plötzlich sind sie zwei fremde böse Tiere, die sich zuckend hin und her bewegen, immer auf der Suche nach einem Ding, das sie zerdrücken könnten.[37]

Jäger sind einfach Jäger, und der Widerwille gegen das Töten ist ein subjektives Gefühl und nicht moralische Entrüstung:

Meta mag die Jäger nicht; ihr dummes, brüllendes Gelächter und die endlosen Geschichten, die sie erzählen. Was für Prahlereien um einen einzigen Hirsch, den sie endlich aus dem Hinterhalt abgeknallt haben. Sie sitzen in der Stube und trinken, und ihre Stimmen hallen durch das ganze Haus. Und sie riechen sehr schlecht nach verschwitztem Gewand. Ihre Köpfe werden immer röter, ihre Stimmen immer lauter, und bald wird man vor Rauch ihre Gesichter nicht mehr sehen. Und hinter dem Haus liegen langgestreckt und kalt die schönen Opfer. Sie sind ganz still, und das Blut an ihre Äsern ist zu braunen Krusten getrocknet ...[38]

Anmerkungen

1 Uwe Schweikert: Im toten Winkel. Notizen bei der Lektüre von Marlen Haushofers Roman „Die Wand". In: Anne Duden u.a. (Hrsg.): „Oder war da noch manchmal etwas anderes?". Frankfurt 1986, S. 17.

2 Marlen Haushofer: Die Wand. Düsseldorf 1968, S. 15

3 Elisabeth Lenk: Die unbewußte Gesellschaft. München 1983, S. 255 ff.

4 op. cit., S. 261.

5 Marlen Haushofer: Entfremdung. In: Die Frau mit den interessanten Träumen. Düsseldorf 1985.

6 Zit. n. Anke Bosse / Clemens Ruthner (Hrsg.): Eine geheime Schrift aus diesem Splitterwerk enträtseln .... Marlen Haushofers Werk im Kontext. Tübingen / Basel 2000, S. 117.

7 Marlen Haushofer: Die Mansarde. Düsseldorf 1969, S. 176.

8 „Fast kommentarlos läßt sich die Rationalität des Daches der Irrationalität des Kellers entgegensetzen." So Gaston Bachelard in: Poetik des Raumes. Frankfurt am Main 1975, S. 50.

9 Umberto Eco: Apokalyptiker und Integrierte. Zur kritischen Kritik der Massenkultur. Frankfurt am Main 1984.

10 Siehe dazu Jeannette Bell: Angst im literarischen Wort. Eine literarische und sprachliche Analyse von Werken Ingeborg Bachmanns, Marlene Haushofers, Libuse Monkovás und Liane Dirks'. Dissertation eingereicht an der Geisteswissenschaftlichen Fakultät der Leopold-Franzens-Universität Innsbruck, März 1999.

11 Zit. n. Jeanette Bell, op. cit., S. 135.

12 Zit. n. Duden, u.a., op. cit., S. 19.

13 Marlen Haushofer: Die Wand, op. cit., s. 9.

14 Marlen Haushofer: Eine Handvoll Leben. Wien / Hamburg 1955, S. 185.

15 Ibidem.,S. 144.

16 Zit. n. Regula Venske: Dieses eine Ziel werde ich erreichen. Tod und Utopie bei Marlen Haushofer. In: Renate Berger / Inge Stephan (Hrsg.): Weiblichkeit und Tod in der Literatur. Köln / Wien 1987, S. 210.

17 „Katholische Kindheit und ‚Hitlerjugend' waren die frühen Tapeten zu Marlen Haushofers Seelenleben – da liegen Wurzeln ihrer Grausamkeit." So Dorothea Zeemann in „Eine Frau verweigert sich". In Duden u.a., op. cit. S. 71

18 Zit n. Anke Bosse / Clemens Ruthner (Hrsg.), op. cit., S. 185.

19 Marlen Haushofer: Wir töten Stella und andere Erzählungen. Wien 1958.

20 Marlen Haushofer: Die Mansarde. Hamburg / Düsseldorf 1969, S. 38.

21 Ibidem, S. 118.

22 Daniela Strigl: Marlen Haushofer. Die Biographie. München 2000.

23 In Manuela Reichart: „Eine völlig normale Geschichte". Auf den Spuren von Marlen Haushofer – eine Reise nach Österreich. In Duden u.a., op. cit. S. 21 ff.

24 In Franziska Frei Gerlach: Schrift und Geschlecht. Feministische Entwürfe und Lektüren von Marlen Haushofer, Ingeborg Bachmann und Anne Duden. Berlin, 1998. S. 156.

25 Dorothea Zeemann, op. cit. S.67.

26 Brief vom 31. August 1968. In Schmidjell, Christine (Hg.): Marlen Haushofer 1929-1970. Katalog einer Ausstellung. Wien 1990 (Zirkular. Sondernummer 22). S. 26f.

27 Siehe dazu Frei Gerlach, op. cit.

28 Siehe dazu Anke Bosse / Clemens Ruthner (Hrsg.) op. cit..

29 Regula Venske, op. cit., S. 213

30 ibidem., S. 212.

31 Mireille Tabah: Nicht gelebte Weiblichkeit. Töchter und (Ehe-)Frauen in Marlen Haushofers Romanen. In Anke Bosse/ Clemens Ruthner (Hrsg.), op. cit. S. 186.

32 Regula Venske, op. cit. S. 213.

33 Franziska Frei Gerlach, op. cit., S. 156.

34 Irmela von der Lühe: Erzählte Räume – leere Welt. Zu den Romanen Marlen Haushofers, in: Duden u.a., op. cit., S. 73.

35 Umberto Eco, op. cit., S. 267.

36 Marlene Streeruwitz: Sein. Und Schein. Und Erscheinen. Tübinger Poetikvorlesungen, Frankfurt am Main, 1997, S. 9.

37 Marlen Haushofer: Himmel, der nirgendwo endet, Gütersloh, 1966, S. 22.

38 op. cit. S.103.

Gstrein, Kehlmann, Menasse, Glavinic ...

Je größer der Schas im edlen Gewande, desto lauter der Jubel des Literaturbetriebs. Norbert Gstreins[1] Roman umfasst angeblich alles, was große Literatur ausmache: „Liebe und Wahn, Tod und Erlösung, Figuren, die sich einbrennen und gleichzeitig entziehen" (so Andreas Breitenstein in der *Neuen Zürcher Zeitung)*. „Endlich ein Autor, der die Statur besitzt, den Ball der Brochs und Kafkas, der Musils und Thomas Manns aufzunehmen und diesen Ball elegant ins 21. Jahrhundert hinüberzuspielen" (Tilmann Kraus in *Die Welt)*.

Noch ohnmächtiger als die Beteuerungen des Feuilletons ist allerdings Gstreins Roman, der sich auf fast vierhundert Seiten darauf beschränkt, tapfer seinen Ekel und seine Empörung angesichts des Kriegs und des Redens darüber vor sich herzutragen. Nichts darin ist schlüssig, alles bleibt leere Behauptung. Vier Personen – Allmeyer, der im Kosovo zu Tode gekommene Kriegsreporter, Paul, der einen Roman über ihn schreiben möchte, seine Freundin und der Ich-Erzähler – suchen verzweifelt einen Autor. Unverstanden, selbst ihrem Schöpfer ein Rätsel, torkeln sie alleingelassen durch das dürftige Geschehen, das sich in geschwätzigen Dialogen und tranigem Räsonnieren über die ach so böse Welt erschöpft. Was treibt Allmeyer immer wieder in den Krieg? Warum will Paul, der keine Zeile zu Papier bringt, unbedingt einen Roman über ihn schreiben? Und warum bringt er sich am Ende um? Bloß weil er keinen Roman zustande gebracht hat? Fragen über Fragen. Und vor allem: Was hält den Ich-Erzähler so lange an Pauls Seite, sofern er nicht dessen Freundin ficken will, was er nach beinahe 400 Seiten öden, seelenlosesten Gequassels auch tut, doch:

> Sie blieb in dieser Nacht bei mir, aber ich werde nicht den Fehler machen, mehr darüber verlauten zu lassen, werde mich hüten, davon zu erzählen wie in den Liebesromanen, außer dass ich sie gebeten habe, ein paar Worte kroatisch für mich zu sprechen …

Fürwahr kein Liebesroman, sondern ein großes Thema: Männer im Krieg. Und da Gstrein weder zu Männern noch zum Krieg auch nur irgend etwas einfällt, tut er so, als würde er das Reden über den Krieg zwischen der „vorsätzlichen Hetze" und dem „nachträglichen Kitsch" aufs Korn nehmen, und fügt dem angeblich inadäquaten Gestammel der anderen sein eigenes hinzu. Anzumerken ist jedoch, dass jeder Fernsehbericht, jede Reportage mehr klärt und bewegt als Gstreins redundantes Schweigen.

Etwas Leben kommt in die Sache, wenn es um Frauen geht. Mit Ausnahme der hehren Gestalten an der Seite Allmeyers und Pauls hasst Gstrein sie so sehr, dass man ihm dabei zusehen kann, wie ihm Schaum vor den Mund tritt. Zum Beispiel die „aufgetakelte New Yorker Zicke", in der unschwer Susan Sontag zu erkennen ist, „die als Weltberühmtheit nach Sarajevo gekommen war und vor laufender Kamera ein Durchschussloch in ihrem knöchellangen Pelzmantel vorführt, als wäre es eine Trophäe."

Hilflos fuchtelnd nähert sich Gstrein auch seiner Lieblingsfeindin Lilly, deren Vorbild die Autorin Sabine Gruber ist. Die Schmähungen, die er in ihre Richtung loslässt, nehmen allerdings gegen den Autor ein und nicht gegen sie. Der Ball, den Gstrein angeblich so souverän ins 21.

Jahrhundert hinüber spielt, landet im eigenen Tor. Sichtbar wird allenfalls die Wut, die der Autor Gstrein aus welchem Grund auch immer auf die reale Person hat, Lilly hingegen bleibt genauso wie alle anderen Figuren des Romans ein konturloser Schemen, deren angebliche Niedertracht und „Zickigkeit" immer nur herbeigeredet, nie vorgeführt werden:

Ich habe es nie überprüft, aber wenn nur ein Teil von dem stimmte, was er da daherbrachte, erschien es mir im höchsten Maße unappetitlich, wenn etwas dran war, dass sie Allmayers Witwe vom offenen Grab verdrängt hatte, um mit der Grandezza eines Bauerntrampels, der die Dame von Welt mimt, an ihre Stelle zu treten und, die Augen hinter einer riesengroßen, schwarzen Sonnenbrille verborgen, schluchzend und schniefend die Beileidsbekundungen entgegenzunehmen, als wäre ihre Zeit mit dem Toten nicht geschlagene zehn Jahre her.

(Nebenbei bemerkt, geht es nicht noch ein bisschen umständlicher?)

Immerhin ist die vielgeschmähte Lilly die einzige, die der Ohnmacht und der Ratlosigkeit, die aus jedem einzelnen Satz dieses Romans sprechen, eine Erklärung entgegensetzt: „Er (Allmeyer) hat überhaupt erst mit dem Unsinn angefangen, weil er sich ohne die Aufregung tot gefühlt hat." Doch mit derart banalen Interpretationen geben sich Gstrein und sein Ich-Erzähler nicht zufrieden. Sie würden gern hehrere Motive ins Treffen führen, finden jedoch keine.

Noch fader als Gstreins Personen ist höchstens seine banale, von zartem Pathos durchwehte Sprache, aufgrund derer er sich laut *Frankfurter Allgemeiner Zeitung* immerhin als einer der allerersten Erzähler nicht nur der deutschen, sondern der europäischen Literatur etabliert habe.

Einmal davon abgesehen, dass Gstrein geschraubte

Umständlichkeit mit literarischer Qualität verwechselt, gibt es in dem ganzen Roman keine einzige Szene, die für sich selbst sprechen dürfte, alles wird von Gstrein mit wertenden, urteilenden, verurteilenden Kommentaren versehen. Satz für Satz werden Effekte geschunden, wird dem Leser vorgeschrieben, was er zu denken und zu fühlen hat. Der Konsens des schlechten Gewissens soll für den fehlenden Erkenntnisanspruch der Sprache entschädigen. Keine Seite, auf der Gstrein sich nicht bemüßigt fühlte, die Erlebnisse seiner Protagonisten durch Anspielungen und Referenzen zu konturieren und zu beglaubigen. Ein Begräbnis wird von Gstrein nicht beschrieben, sondern mit dem Kommentar versehen, „dass es zum Frösteln" war. (Warum eigentlich? Nicht jeder fröstelt, wenn er ausgebuddelte Leichen sieht.) Ein paar Zeilen später hat besagtes Begräbnis „etwas geradezu Alttestamentarisches", und Abendstimmungen sind bei Gstrein gar „biblisch". (Je schwächer das schriftstellerische Talent, desto gewichtiger sind für gewöhnlich die Referenzen.) Einen Schergen lässt Gstrein sagen, das Töten eines Menschen sei „mit einem sanften Blasen aus einem langen Stiel" zu vergleichen, und da dieses Bild genauso nichtssagend ist wie alle anderen Aussagen dieses Romans auch, weder schockiert, noch zu einem Gefühl oder Gedanken anregt, muss Gstrein noch ein Schäufelchen nachlegen: „Das Messdienerhafte seines Vergleichs machte das Ganze nur noch abstoßender, als es bereits war."

Gstrein zeigt das Abstoßende nicht, sondern benennt es nur. Und was bitte hat man sich unter „alttestamentarisch" oder einer „Zicke" vorzustellen? Einen blutroten Himmel und blonde Haare? Fragen über Fragen. Und vor allem: Wovon sollen die plakativ vor sich hergetragene

Empörung und der Ekel angesichts des Krieges und des Redens darüber eigentlich ablenken? Dass Töten letztendlich ein ziemlich alltägliches Handwerk ist und dass es geil ist, dabei zuzuschauen? Zweifellos erzeugen der Krieg und die Bilder davon in jedem Zuschauer ein komplexes Gemisch aus Lust und Abwehr, Voyeurismus und schlechtem Gewissen. Darüber einen Roman zu schreiben, bräuchte es allerdings einen Autor ohne Gstreins kleingeistige Moral und Ressentiments. Und mit ein bisschen Talent.

Bei der Lektüre von Daniel Kehlmanns Roman *Ruhm*[2] stellt sich augenblicklich das Gefühl ein, dass es diese Geschichten schon gegeben hat, bevor Kehlmann sie niedergeschrieben hat. Nichts an ihnen ist neu, überraschend, unüblich, nichts – kein Inhalt, kein individueller Tonfall – deutet darauf hin, dass der Autor irgendeine außerliterarische Wirklichkeit zum Anlass genommen hätte, um sich an ihr abzuarbeiten. Daniel Kehlmanns Literatur ist raschelndes Papier, beinahe sieht man den Autor vor sich, wie er in seiner Schreibstube sitzt und einen Text zu Papier bringt, für den die Literaturgeschichte des 20. Jahrhunderts Pate gestanden hat, der ihm aus der Feder fließt, als wäre er ein Medium.

Der Autor Kehlmann hat kein Interesse an Wirklichkeit. Zum x-ten Mal inszeniert er den postmodernen Einserschmäh, wonach Wirklichkeit bloß eine Erfindung des Autors, eines zweitklassigen Demiurgen ist. Der Verweis auf Spielcharakter und Fiktionalität der Literatur, die Vermischung von Realität und Fiktion, der metaleptische Sprung, wonach in letzter Konsequenz auch der Leser zur Fiktion erklärt wird, mögen ursprünglich für Verstörung oder auch für Unterhaltung gesorgt haben, bei Kehlmann hingegen geraten sie zur gähnenden Langeweile, zum brav heruntergespulten Programm des belesenen Literaturadepten. Und deshalb sind einem seine Personen – fiktiv oder nicht – auch so was von wurscht, keinen Funken an Interesse vermögen sie zu erwecken. Weder die todkranke Rosalie, die in die Schweiz in eine Sterbeklinik fährt, auf ihr inständiges Flehen hin vom Autor – Kehlmanns Alter Ego Leo Richter – begnadigt, dann aber von ebendiesem als literarische Figur ausgelöscht wird. Noch Elisabeth, die Freundin Leo Richters, die als *médiecin sans frontières* die ehrenvolle Aufgabe hat, die blutige Wirklichkeit im Gegensatz zu des Autors papierener Welt zu verkörpern, sich aber am Ende trotz vehementer Gegenwehr in einer seiner Geschichten wiederfinden muss – und zwar nicht als beschriebene, sondern als lebende Person, Seite an Seite mit Lea Gaspard, einer von Leo Richters Romanfiguren. (Das Leben imitiert die Kunst: Kehlmann hat seinen Borges-Kurs mit Eins plus abgeschlossen.) Noch der Trivialautor, der sich die Pistole an die Stirn hält, noch die Krimiautorin, die ihr Handy verliert und irgendwo im Osten verloren geht, und schon gar nicht der brave Familienvater, der sich eine Parallelexistenz aufbauen möchte. Von dem Computerfreak, der eine lustige Pseudosprache spricht und unbedingt eine Romanfigur von Leo Richter werden möchte, ganz zu schweigen. Sie sind nicht mehr als das Papier, auf dem sie das Licht der Welt erblickt haben.

Alle diese Personen sind einem völlig wurscht, weil sie nämlich auch dem Autor Kehlmann völlig wurscht sind. Weil er sich offenbar nicht vorstellen kann, was Menschen fühlen und empfinden, weil er sich nicht vorstellen kann, dass sie verzweifelt sind und Angst haben, wenn man ihnen sagt, dass sie nur noch ein paar Monate zu leben haben, weil er sich nicht vorstellen kann, wie sich die Depression anfühlt, wenn man sich der Sinnlosigkeit des eigenen Tuns bewusst wird, und weil er sich andererseits auch nicht vorstellen kann, wie es ist, wenn man begehrt und liebt. Kehlmanns Figuren sind nur dazu da, um das von ihm entworfene Romankonstrukt aufrechtzuerhalten und um die Querverweise und Bezüge herzustellen, die das Feuilleton zu schwer nachzuvollziehenden Jubelschreien veranlassen – Querverweise, die im Grunde einzig und allein darin bestehen, ein und dieselbe Figur in mehreren Geschichten auftauchen zu lassen.

Das einzige menschliche Gefühl, mit dem der Autor Kehlmann offenbar ein wenig vertraut ist, ist die Eitelkeit, der Narzissmus, der zu seiner Aufrechterhaltung und Befriedigung des *Ruhmes* bedarf. Ruhm, Größe, Anerkennung – um diese Konstanten kreist ja Kehlmanns gesamtes Werk, von *Ich und Kaminski*, worin ein erfolgsgeiler Journalist einem alternden Malergenie, dessen Ruhm – so Kehlmann – ebenfalls nur auf Überschätzung und geschickten Marktstrategien beruht, nachstellt, über *Die Vermessung der Welt*, worin die Geistesgrößen Humboldt und Gauß zu schrulligen Allerweltstypen wie du und ich erklärt werden, bis eben zu seinem bislang letzten Roman *Ruhm*.

Zweifellos übt Ruhm eine starke Anziehungskraft auf den Autor Kehlmann aus, sonst würde er nicht unablässig darüber schreiben, gleichzeitig fühlt er sich jedoch veranlasst, sich besserwisserisch („ironisch" oder gar „selbstironisch" in der Diktion des Feuilletons) über alle zu mokieren, die danach streben.

Wobei er offene Türen einrennt, denn niemand wird

ihm widersprechen, dass Ruhm in Zeiten der Medienherrschaft eine Illusion, eine Chimäre ist, ein willkürlich ent-
fachtes Feuerchen, an dem sich viele wärmen (wollen).

Während bei Thomas Bernhard (zugegeben, ein un-
gerechter Vergleich, doch andererseits: Wie kann man
über die Lächerlichkeit des Kulturbetriebs und die Auf-
geblasenheit seiner Protagonisten schreiben und so tun,
als hätte es nie einen Thomas Bernhard, einen Werner
Kofler gegeben?) die Satire auf den Literaturbetrieb zur
Posse von existenziellem Ausmaß gerät, die alle Beteili-
gten, auch den Autor selbst, zu Marionetten am Faden
ihrer eigenen Bedürftigkeiten degradiert, steht Kehlmann
vermeintlich über dem Ganzen.

Er meint, er könne sich abputzen. Die anderen sind die
Kasperln, nicht er. Wozu tut man sich das Ganze eigentlich
an? „Damit einen seelenlose Menschen einladen, damit
man Hände schüttelt, damit die Lemuren etwas zu plau-
dern haben, bevor sie zum Essen gehen", so Kehlmann.

Thomas Bernhard war, wie viele große Autoren, ein
Clown, der das Entkommen aus dem Kasperltheater für
unmöglich erklärte, Daniel Kehlmann ist ein Eiferer, der
meint, er müsse der eitlen Welt den Spiegel vorhalten.

Dabei wirft der Spiegel nur seine eigene Nichtkönner-
schaft zurück: seine der Postmoderne abgeschaute Romantheorie, seine papierenen Figuren, seine kindischen
Bilder – das Handy als Parameter des Erfolgs -, die eines
vifen Maturanten würdig wären, seine albernen „Querverweise" und nicht zuletzt seine absolut patscherten,
zutiefst ahnungslosen Beschreibungen von Sexszenen: Da
werden Frauen nach Jahren endlich mal wieder „ange-
fasst" und „auf den Rücken gedreht", sie müssen ihrem
Partner „die Zähne in die Schulter senken" und ihm die

„Hand so schwer aufs Gesicht pressen", dass er „schwer Luft" bekommt, und schließlich wird auch noch ihr „Leib umfasst" und von ihrem Partner „mit einer Kraft hin- und hergeschleudert, die er davor nie besessen hat".

Als würde ein Blinder von der Farbe sprechen.

Thomas Glavinic hat einen Roman über das Schriftstellerdasein geschrieben.[3] Sein literarisches Alter Ego säuft wie ein Loch, beobachtet hypochondrisch seinen Körper, fühlt sich von seiner Familie und dem zu betreuenden Kleinkind überfordert, besucht Dichterlesungen und Jurysitzungen, die es allerdings so unerträglich findet, dass es sie nur volltrunken erträgt. Vor allem aber träumt der Autor vom Weltruhm, wartet ungeduldig auf die Anrufe seiner Agentin, ruft stündlich seine E-Mails ab, kränkt sich über jede schlechte Rezension. Halb neidisch, halb bewundernd verfolgt er die Karriere seines Freundes Daniel Kehlmann, von dessen zuletzt erschienenem Roman bereits hunderttausend Exemplare verkauft worden sind.

Das ist nicht ganz unwitzig, immerhin ist der mit einem Haufen Idiosynkrasien und reichlich Größenwahn ausgestattete Neurotiker bewährter literarischer und filmischer Komödienstoff. Womit sich die Frage stellt, worin das Neuartige von Thomas Glavinic' lauer und milde humoristischer, jeden existenziellen Tiefgangs entbehrender und im lockeren Plauderton vorgetragener Neuauflage des Genres besteht.

Es scheint darin zu bestehen, dass Glavinic' Literatur (so wie die manch anderer im Augenblick erfolgreicher Autoren) offenbar nicht mehr dafür bestimmt ist, gelesen, sondern vorgelesen zu werden. Ein Roman wie *Das bin doch ich* scheint in erster Linie darauf hingeschrieben zu sein, bei Dichterlesungen vorgetragen zu werden und das Publikum zu unterhalten wie bei einem Kabarettprogramm. (Immerhin treten auch bei Glavinic lauter real existierende Personen auf, über deren Blödheit und Eitelkeit man sich abhauen kann. Allein der Name des *Falter*-Redakteurs Klaus Nüchtern wird aus unerfindlichen Gründen verschlüsselt, sonst werden alle Personen bei ihrem richtigen Namen genannt.) Die Eventkultur wirkt sich auch auf die literarische Produktion aus.

Locker reiht sich Anekdote an Anekdote, jede Episode steuert auf eine Pointe zu, der Autor begnügt sich mit der Rolle des Witzeerzählers, des Wuchteldruckers. Bei der altmodischen Lektüre im stillen Kämmerlein hört man bei den entsprechenden Stellen die Lacher im Hintergrund wie bei einer Sitcom im Fernsehen.

Konsequent durchgehalten wird bei dieser Art von Humor die mittlere Lage, soll doch das Publikum nicht durch allzu radikale oder gar derbe Späße vor den Kopf gestoßen werden. Strengstens verpönt ist Direktheit, der Autor spricht zwar gern von gewissen Dingen, relativiert sie jedoch mit einem Augenzwinkern. Etwa wenn er seinem Freund Thomas Maurer erzählt, er wolle gerade eine Performance von Elke Krystufek besuchen.

„Sehr gut", unterbricht mich Maurer, „da siehst du wenigstens eine nackte Scheide."

In Wahrheit sagt er nicht Scheide, er drückt sich volksnäher aus.

Der beißende Spott, mit dem etwa Thomas Bernhard oder Werner Kofler dem Literaturbetrieb und literarischer Heldenverehrung zu Leibe rückten, ist Vergangenheit, die polemische Überhöhung weicht dem freimütigen Bekenntnis Fbvzu dem Ressentiment, wonach der Literaturbetrieb von eitlen Hohlköpfen bevölkert und Erfolg eine Chimäre ist, ohne die Notwendigkeit zu spüren, es literarisch zu sublimieren und zu distanzieren.

Eine ähnliche Absicht verfolgt ja auch das Schreibprojekt des von Glavinic unablässig als eine Art Hausheiliger heraufbeschworenen Erfolgsautors Daniel Kehlmann, der bislang in zwei Werken angetreten ist, einen (fiktiven) Künstler sowie zwei bedeutende Wissenschaftler auf Mittelmaß zurechtzustutzen. In *Ich und Kaminski* lässt er einen unbedarften Journalisten, dem der röhrende Hirsch in der Gaststube sowieso besser gefällt als jedes abstrakte Gemälde, einem alternden Künstler nachstellen, einem unwürdigen Greis, dessen Ruhm, so Kehlmann, ohnehin nur auf Überschätzung und gelungenen Marktstrategien beruhe, in *Die Vermessung der Welt* werden die Geistesgrößen Humboldt und Gauß auf ihre herzige Schrulligkeit reduziert.

Wohingegen Glavinic erst einmal die Behauptung aufstellen muss, ein bedeutender Schriftsteller zu sein, um in der Folge zur eigenen Demontage antreten zu können. Denn nur einem bedeutenden Schriftsteller nimmt man ab, es lohnte sich zu erzählen, wie er ein Flugangstseminar besucht oder von seinem Schwiegervater auf einem hängen gebliebenen Schilift über die Bedeutung der Musik im Gegensatz zu jener der Literatur belehrt wird, von einem Normalsterblichen erzählt würden derartige Nichtigkeiten bloß langweilig erscheinen.

Ganz ähnliche Strategien verfolgt Robert Menasse[4] in seinem Roman *Don Juan de la Mancha*. Auch er variiert altbewährten Komödienstoff. Sein Protagonist Nathan ist eine Mischung aus Schürzenjäger, der wie eine Marionette an den Fäden der eigenen Abhängigkeiten zappelt, und Utopist, dem narzisstischer Größenwahn die Möglichkeiten machbaren Glücks verbaut. „Du willst Erlösung, nicht Befriedigung", sagt eine seiner Gespielinnen zu ihm – ein Satz, der sich augenblicklich als schlüssig erweist, wenn man das dem Roman beigefügte Foto (auch Menasse legt Wert darauf, die Distanz zwischen Autor und Protagonist möglichst gering zu halten) betrachtet, das ihn in jungen Jahren im Kreise seiner Jünger auf einer Wiese sitzend beim Predigen zeigt.

Diese Paratexte (Titel, Foto) gemeinsam mit vorausgesetztem psychologischem Basiswissen tragen allerdings mehr zum Verständnis der Romanfigur bei, die immerhin der typische Vertreter einer Generation sein möchte, als es der Roman selbst vermöchte. Menasse versucht sich einerseits als Komödiendichter, etwa wenn er Vater und Mutter seiner Figur am selben Tag sterben lässt, sich also nach alter Komödientradition als Magister Ludi zu erkennen gibt, der die Fäden zieht (und zweifellos birgt ein sich auf gewisse Positionen versteifendes, die Anforderungen der Realität missachtendes Verhalten auch enormes komisches Potential), andererseits bemüht er sich, nicht nur die komischen oder lächerlichen Aspekte seiner Figuren hervorzuheben, sondern durchaus auch etwas Wahres und Tiefes über sich und seine Generation auszusagen, die nach dem Vorbild der 68er Wirklichkeit abschaffen und die Welt von allem Übel erlösen wollte. Beides misslingt.

Denn auch Menasse begnügt sich damit, in lockerem Plauderton Anekdoten aneinanderzureihen, die glauben, allein mithilfe von Reizworten (Lifestylemagazin, Publizistik-Arbeitsgruppe etc.) zum Verständnis einer Generation und einer Person beitragen zu können, und auch die von ihm erzählten Episoden changieren zwischen Belanglosigkeit (der Sohn des Beinahestiefvaters des noch jugendlichen Protagonisten erhält bei einem Familienausflug eine Watschen, weil er im Sonntagsgewand einen Hang hinabgekugelt ist) und kabarettistischer Witzigkeit, etwa wenn Nathan in einer Phase der depressiven Regression ganze Tage in einer fruchtwasserähnlichen Lösung in der Badewanne verbringt („Das einzige, was ich nicht verstand, war, warum die Wanne Crystal-Plus hieß und nicht Uterus-Forte"), und auch sein Roman ist durchsetzt mit Bonmots, müden Kalauern („der einzige Verein, bei dem ich Mitglied sein möchte, ist der der Freien Radikalen"), augenzwinkernden Anspielungen, Ungesagtem.

Don Juan de la Mancha möchte ein Roman über Sex sein, doch Menasse beteuert schon vorab, es gebe keine Worte, um diesen Irrsinn mit Würde zu beschreiben. Also unternimmt er nicht einmal den Versuch, ihn zu beschreiben. Warum eigentlich nicht? Kann er nicht? Will er nicht? Hat er keinen Zugang zu dieser Sphäre? Oder will er sich einfach die Finger nicht schmutzig machen? Ungesagt bleibt auch, aus welchem Grund sein Protagonist eigentlich von Frau zu Frau eilt, was er bei jeder einzelnen sucht und nicht findet (Vollkommenheit? Geruchlosigkeit?), wie er sich die Frauen vorstellt, wie er sie sich erträumt und warum die Wirklichkeit nie mit den Träumen mithalten darf. Warum sind die Frauen eigentlich alle so öd? Liegt die Wahrheit vielleicht im Auge oder im Schwanz des Betrachters? Und ungesagt bleibt auch, warum der Sex keinen Spaß macht, was Nathan, der von den hehren Idealen einer besseren und wohl auch schöneren Welt beseelt ist, empfindet, wenn er im Bett feststellen muss, dass Frauen ganz reale, irdische Wesen sind, die schwitzen, Pickel am Oberschenkel haben, nach Scheidenpilz riechen oder gar Flüssigkeiten absondern? Geil findet er die Sache jedenfalls nicht, das steht fest. Aber graust es ihn, ist er enttäuscht oder einfach nur desinteressiert? Geht er vielleicht nur mit den Frauen ins Bett, weil er glaubt, es gehöre sich so? Aus Höflichkeit? Um seine Männlichkeit unter Beweis zu stellen? Wäre ihm vielleicht mit einer Hure geholfen? Oder mit einem Mann? Und somit bleibt es auch ein ungelöstes Rätsel, ob und in welcher Weise der nach den Sternen greifende Don Quixote die Kehrseite des Don Juan ist, der jede Frau nach der ersten sexuellen Begegnung als fad, schwitzend und nach Scheidenpilz riechend abhakt. So ein Thema, und so verschenkt. (Sofern Menasse uns nicht in öder altlinker Manier zu verstehen geben möchte, die böse Konsumgesellschaft – Nathan steht ja im Sold eines Lifestylemagazins! – sei an dessen sexueller Misere schuld.)

Menasse beschreibt nicht, sondern verlässt sich auf sanktionierte Begriffe. Die Therapeutin Nathans etwa ist der Inbegriff einer jüdischen Mamme. (Dabei wäre es doch interessant, was man sich unter diesem Klischee eigentlich vorzustellen hat. Wie verhält sie sich, wie sieht sie aus? Hat sie eine Hakennase? Besteht sie darauf, dass er täglich ein warmes Abendessen zu sich nimmt und pünktlich nach Hause kommt? Bindet sie ihm einen warmen Schal um, bevor er die Praxis verlässt?) Oder er übt sich wie sein Kollege Glavinic im augenzwinkernden Relativieren. Ein bisserl Derbheit und Vulgarität soll schon sein – immerhin möchte man ja das Publikum bei der Stange halten –, der Autor weist die Verantwortung dafür jedoch weit von sich. „Die Schönheit und Weisheit des Zölibats verstand ich zum ersten Mal, als Christa Chili-Schoten zwischen den Händen zerrieb, mich danach masturbierte und schließlich wünschte, dass ich sie – um es mit ihren Worten zu sagen – in den Arsch ficke." (Zum Glück steht dieser Satz gleich auf der ersten Seite. Das erlaubt den Rezensenten, den Roman als „scharf" zu etikettieren, ohne ihn zu Ende lesen zu müssen.)

Interessant wäre es hingegen zu erfahren, mit welchen Worten der begabte Schriftsteller Robert Menasse den Vorgang beschreiben würde: „den Popo penetrieren", „den Penis im Anus versenken", „griechisch begatten", „sodomisieren"? Sowohl Robert Menasse als auch Thomas Glavinic kapitulieren vor dem Anspruch der Literatur, eine adäquate Sprache für die Dinge zu finden, haben aber gewiss die Lacher auf ihrer Seite.

Anmerkungen

1 Norbert Gstrein: Das Handwerk des Tötens. Roman. Frankfurt am Main 2003.
2 Daniel Kehlmann: Ruhm. Ein Roman in neun Geschichten. Reinbek 2009.
3 Thomas Glavinic: Das bin doch ich. München 2007.
4 Robert Menasse: Don Juan de la Mancha. Frankfurt am Main 2007.

Der Tod bin ich
Zur Literatur Elfriede Jelineks

Die Klavierspielerin als Ausgangspunkt: Eine Situation, in der alle Unterschiede so weit wie möglich aufgehoben sind: Die „Damen Kohut", Mutter und Tochter, leben in einer Art Ehegemeinschaft, der Geschlechter- und Altersunterschied ist eingeebnet. Der Vater hat den beiden den Gefallen erwiesen, frühzeitig auf dem Steinhof verdämmert zu sein, Mutter und Tochter schlafen im selben Bett, als gäbe es keine Zeit, keine Notwendigkeit der Trennung und keine Männer. Walter Klemmer bricht kurz in die Idylle ein, wird jedoch augenblicklich entfernt, so wie man sich ein lästiges Staubkorn aus dem Auge wischt. Das Auge tränt danach ein bisschen, aber das war's auch schon. Den beiden Damen (und mit ihnen der erzählenden Instanz) ist der Wunsch anzumerken, alles beim Alten zu lassen beziehungsweise noch einen Schritt weiter vom Leben zum Tod, von der Bewegung zum Stillstand zu gehen. Im Eingangssatz stürzt die Klavierlehrerin – ein ältliches Kind oder eine kindische Erwachsene – immerhin noch „wie ein Wirbelwind" in die Wohnung, die sie mit ihrer Mutter teilt, im letzten Satz kehrt sie in ihr Gefängnis zurück: „Sie geht und beschleunigt langsam ihren Schritt". Walter Klemmer ist es zwar gelungen, die beiden Damen etwas aufzumischen, doch letztendlich haben sie ihr Reich erfolgreich verteidigt, für das Elfriede Jelinek Metaphern aus dem Bereich des Drecks und der Verwesung findet: Die Wohnung ist ein „Schweinestall, der langsam verfällt", eine „Falle", ein „graues und grausames Land der Mutterliebe".

Dem Mainstream der Jelinek-Kritik zufolge entspräche die Hermetik der Handlung der Kritik an ausweglosen kleinbürgerlichen Verhältnissen:

> Von der ersten Seite der Erzählung an weiß man, dass sich hier eigentlich nichts entwickeln kann, dass das Geschehen in sich selber kreisen wird. Die Figuren agieren wie Fliegen unter einer Glasglokke, deren durchsichtige Wand sie aufprallen lässt und zurückwirft … Die Klassenschranken des Kleinbürgertums sind ebenso transparent wie undurchdringlich, ihre Unsichtbarkeit gibt den in ihnen Eingeschlossenen den Blick frei auf eine Welt, die sie für die ihre halten, und die für sie unerreichbar bleibt.[1]

Andererseits ist der Hang zum Negativen, zum spöttischen Sarkasmus, zur „Wirklichkeitsdeformation" immer wieder als Charakteristikum der österreichischen Literatur beschrieben worden, von Claudio Magris[2], der in der Statik der beschriebenen Verhältnisse und der rückwärtsgewandten Utopie den Versuch sieht, die geordneten Verhältnisse der Donaumonarchie wiederaufleben zu lassen, als auch von Robert Menasse[3], der die Scheinharmonie sozialpartnerschaftlicher Verhältnisse für die Idyllen in der österreichischen Literatur verantwortlich macht. Einmal abgesehen davon, dass Literatur zweifellos mehr kann und will, als ein Spiegelbild gesellschaftlicher Verhältnisse zu sein, sind in Elfriede Jelineks Literatur beide Positionen vorhanden: einerseits die Kritik an Österreich, am latent Faschistischen im „Land der Musik und der weißen Pferde", an festgefahrenen Geschlechterrollen etc., andererseits ein obsessiver Hang zur (negativen) Idylle, zur Heraufbeschwörung statischer, faszinierend unerträglicher Verhältnisse. Statik und Hermetik sind ja nicht nur bezeichnend für *Die Klavierspielerin*, sondern ziehen sich als roter Faden durch das gesamte Werk Elfriede Jelineks, von den frühesten Arbeiten bis zum Roman *Gier*, in dem die Beschreibung eines Baggersees über den Umweg der Darstellung der kaputten Natur zum schaurig-schönen Stilleben, zur *nature morte* gerät.

Elfriede Jelineks Literatur ist großteils satirisch, parodistisch, zynisch, ihre Texte operieren mit Auslassung und Verzerrung. George Orwell schrieb über den Satiriker Swift:

> Bei seinem ewigen Herumreiten auf Krankheit, Schmutz und Entstellung erfindet Swift eigentlich nichts, er lässt nur etwas aus. Auch das menschliche Verhalten, besonders in der Politik, ist so, wie er es schildert, wenngleich es noch andere, wichtigere Faktoren enthält, die er nicht sehen will ... Swift besaß keine Weisheit im üblichen Sinne, aber er besaß eine ungeheuer intensive visionäre Kraft, mit der er eine einzelne verborgene Wahrheit herausgreifen und sie dann vergrößern und verzerren konnte.[4]

Auch Elfriede Jelinek lässt aus, verzerrt und vergrößert: Diese muffigen 1950er-Jahre-Zustände, diese analen Idyllen, wo Dreck, Verfall und Verwesung herrschen und in denen Nazitum und Deutschtümelei ihre Fortsetzung finden, sind zweifellos nicht unsere ausschließliche Realität, was Elfriede Jelinek von einer (zumeist konservativen) Kritik auch immer wieder vorgeworfen worden ist. Wo bleibt das Positive, fragte zum Beispiel Iris Radisch im Literarischen Quartett anlässlich der Besprechung von *Gier*.

Das Positive entstünde demnach, der klassischen Definition der Satire zufolge, im Kopf des Lesers: „Kein Text, der nicht Zeugnis davon gäbe, dass seine Darstellung um der realen Herstellung seines Gegenteils da ist. Satire ist auf Aufhebung ihrer selbst aus ..."[5]

Andererseits ließe sich Elfriede Jelineks Literatur leicht

mit rezenten Literaturtheorien „erledigen". Der postulierte „Tod des Autors", der Verzicht auf außerliterarische Referenz, gestattet, Elfriede Jelineks Literatur als frei flottierende Textflächen, als beliebiges Spiel der Bedeutungen zu sehen, wozu auch die Autorin selbst mit ihren Kommentaren immer wieder beigetragen hat: „Ohne sich um die Wirklichkeit zu kümmern, wird der Effekt zur Realität".[6] Elfriede Jelinek als postmoderne Autorin? Doch einmal abgesehen davon, dass literarische Sprache der Aufklärungsabsicht literaturwissenschaftlicher Methoden überhaupt nicht befriedigend zu unterwerfen ist[7], die auf dem Rücken der Autoren die Schlüssigkeit und Stimmigkeit des eigenen Gebäudes unter Beweis stellen wollen, bleibt der Widerspruch zwischen „einer von der Realität abgekoppelten Autonomie des Zeichens und dem kritischen Engagement von Elfriede Jelineks Schreiben"[8] bestehen, was sich nicht zuletzt auch in der Rezeption abzeichnet: Während ein Teil der Kritik Elfriede Jelinek vorwiegend als große Sprachkünstlerin sehen will, beschränkt sich der andere auf das Inhaltliche, auf ihre Österreich-Kritik, auf ihre feministischen Aussagen etc. Und abgesehen davon, dass auch Elfriede Jelinek andererseits immer wieder auf Wirklichkeitsgehalt pocht, bleibt die Tatsache bestehen, dass sie geradezu obsessiv auf ganz bestimmte Inhalte rekurriert und zu ihrer Darstellung auf ganz bestimmte, sich im Lauf ihres Werks leicht modifizierende literarische Methoden zurückgreift.

Die Universen, die Elfriede Jelinek entwirft, sind hermetisch abgeschlossen, resistent gegen Veränderungen, vakuumdicht verpackt, kein Lüftchen regt sich. Es ist der Kreislauf des Ewiggleichen, der hier zelebriert wird: Fremdkörper werden ausgestoßen wie der Student Klemmer oder das Kind in *Lust*, das sich zwar „ähnlich dem Glied seines Vaters" aufs Wachsen freut, jedoch nicht wachsen darf und deshalb von seiner Mutter mit einer Plastiktüte erstickt wird. Den Jugendlichen aus den *Ausgesperrten* bietet sich als einzige Alternative zur Naziideologie ihrer Eltern eine nicht minder menschenfeindliche und -verachtende Haltung, rationalisiert durch falsch verstandene Philosophen. Stillstand wird sowohl auf der Makroebene der Erzählung inszeniert (Erika Kohut, deren Vergangenheit konsequent im Präsens erzählt wird, ist nicht imstande, aus der Mutter-Tochter-Beziehung auszubrechen, und Rainer Witkowski bringt am Ende des Romans *Die Ausgesperrten* seine Familie um, was jedoch zu keiner Trennung führt[9], sondern auf einer symbolischen Ebene vielmehr alle Trennungen aufhebt und eine totale Symbiose besiegelt: Die Körper sind so verstümmelt, dass man sie nicht mehr voneinander unterscheiden kann, jegliche geschlechtliche Differenz ist annihiliert, der Unterschied zwischen Vater und Mutter, Jugend und Alter aufgehoben, Heute und Gestern verschachteln sich in einer geschlossenen Truhe wie in einer Familiengruft), als auch auf der Mikroebene der einzelnen Sätze: Jeder Ansatz zu Veränderung, jeder Versuch, aus dem geschlossenen Kreislauf auszubrechen, wird im Keim erstickt, verhöhnt, zunichte gemacht. Es ist gar nicht anders möglich, als dass alles beim alten bleibt, sich im Kreise dreht, in der ewigen Ursuppe dahinbrodelt: In den *Liebhaberinnen* „heiraten diese frauen" oft, „oder sie gehen sonstwie zugrunde"[10], „später einmal wird Unmut laut explodieren, und die Frau trennt sich vom Mann, um ein spätes Talent zu entfalten, das brachlag"[11]. Das Leben ist eine ewige „drehscheibe", die den Stillstand, das Auf-der-Stelle-Treten besiegelt:

so ist im laufe der jahre ein natürlicher kreislauf zustandegekommen: geburt und einsteigen und geheiratet werden und wieder aussteigen und die tochter kriegen, die hausfrau oder verkäuferin, meist hausfrau, tochter steigt ein, mutter kratzt ab, tochter wird geheiratet, steigt aus, springt ab vom trittbrett, kriegt selber die nächste tochter ...[12]

Elfriede Jelineks Schreibhaltung ist völlig mit dieser Unmöglichkeit der Veränderung identifiziert, irgendwie scheint es auch ganz gemütlich zu sein daheim, im Stall, im Dreck. Die erzählerische Spannung nährt sich aus der Ambivalenz angesichts dieser in ihrer Unerträglichkeit faszinierenden oder in ihrer Faszination unerträglichen Idyllen, in denen einzig und allein Tod und Stillstand, homogenes Durcheinander herrschen. Elfriede Jelinek führt den Leser in die Wildnis und fleht zugleich um Schutz vor ihr. Alles modert und stinkt, die Wohnungen sind schmutzige Ställe (Wirklichkeit einfordernd könnte man dagegenhalten, dass das Kleinbürgerliche im Gegenteil in einer obsessiven Abwehr des Analen, in manischer Sauberkeit und Reinlichkeit besteht), die Natur ist kaputt und zerstört. Erika Kohut ist ein formloser Kadaver, ein schlaffer Gewebesack, jede Geburt in Wahrheit ein Begräbnis („Dort sind sie aufgebahrt, die Monika heißen und Franz"), die Sexualität eine einzige Sauerei („dieser Liebesstall ist vorübergehend geschlossen") oder unbefriedigend. Männer und Frauen werden einander angeglichen, so gut es geht. Beide sind kastriert. Das weibliche Geschlecht ist ein Loch („Die Frau wird zu ihrer Unterleibswunde herzlich beglückwünscht", heißt es anlässlich einer Entbindung), die Männer sind einbeinig oder heißen, wie sie sein sollen: Klemmer. Oder es wird ihnen einen Roman lang die Möglichkeit sexueller Befriedigung abgesprochen, wie in *Lust*, wo die Sexualität als Mechanik schlechthin dargestellt wird. Auch wenn der Herr Direktor sein Ding, seine Wurst etc. immer wieder in Gertis Loch steckt, Lust entsteht dabei keine. Gerti kastriert ihn und sich, indem sie ihrer beider Geschlechtsorgane zu toten Dingen degradiert.

Den bisherigen Höhepunkt in Elfriede Jelineks Phänomenologie des Todes stellt zweifellos das Theaterstück *In den Alpen* dar, ein trotz seiner Grausamkeit und Pietätlosigkeit poetisches Hohelied auf die Erhabenheit des Todes und die ewige Ruhe: „Aber mit der [Seilbahn] geht es doch deutlich langsamer, und man wäre nicht so unter sich, wie wenn man unter 170 Menschen ist, von denen einige, mitsamt ihrer Schmelzkäsekleidung, durch den Boden hindurch getropft sind und die Schienen mit ihrer Asche belegt haben. Dazu die leckeren Flocken vom Plexiglas der Fahrerkabine. Ein dick belegtes Brot für die Ewigkeit wird das, es muss ja auch lang vorhalten."[13] Spätestens hier stellt sich die Frage: Welche Schuld haben die armen Schifahrer auf sich geladen, womit haben sie Jelineks Spott und Hohn verdient, ist es wirklich so verwerflich, sich einem harmlosen Sonntagsvergnügen hinzugeben?

Elfriede Jelineks Universen implodieren, fallen immer wieder in sich zusammen auf diesen kleinsten Punkt, werden zu „schwarzen Löchern", wie in den Romanen *Die Ausgesperrten* oder *Die Klavierspielerin*, oder sie breiten diesen kleinsten gemeinsamen Punkt endlos aus wie in den späteren Romanen, die keinen Plot im herkömmlichen Sinn mehr notwendig haben.

In Elfriede Jelineks Literatur verschwindet die Kluft zwischen Satiriker und satirischem Gegenstand. Elfriede Jelinek attackiert und denunziert die eigene Sichtweise, den Filter, den sie über die Welt legt. Wie Flaubert über Madame Bovary könnte Elfriede Jelinek sagen: Der Tod bin ich. Sie behauptet und kritisiert gleichzeitig die Unveränderlichkeit der Verhältnisse, die übermächtig und den Dingen gleich dargestellt werden. In der Verdinglichung, im Fetisch, treffen sich der Wunsch, der Welt ein Grabmal zu errichten, und die Kritik am Warencharakter der menschlichen Beziehungen, der Natur etc. Andererseits bietet sich die Welt dem prüfenden Blick der Autorin dar, wie sie es vor niemand anderem täte: Glatt und eben liegt sie vor ihr, völlig durchschaubar, tot, erledigt. Nichts Unvorhergesehenes wird sie jemals aus den Angeln heben. Das Ich triumphiert über die Welt: „Je weniger Leben in den Dingen ist, desto mehr erstarkt das geniale Bewusstsein, das ihnen nachsinnt"[14]. Sarkasmus ist die einzig adäquate Haltung in diesem Totenhaus, nur Spott und Hohn vermögen der erledigten, auf immer dieselben Inhalte reduzierten Welt die notwendigerweise damit verbundene Banalität zu nehmen, indem sie die Bezüge verrücken und damit in einem anderen, ungewohnten Licht erscheinen lassen. Auch die als tot und dinghaft erlebte Sprache kann so noch einmal ins Spielerische und Virtuose übertrieben werden.[15]

Elfriede Jelinek spricht auf obsessive Weise vom Tod, doch „man denkt nicht den Tod, die Leere, das Nicht-Seiende, das Nichts; sondern deren „unzählbare Metaphern, eine Art und Weise, das Ungedachte zu umreißen".[16] Der Tod ist bei Jelinek ein Zustand der Gleichförmigkeit und der Unstrukturiertheit, in dem alle Unterschiede aufgehoben sind, der in seiner faszinierend-abstoßenden Ambivalenz geschildert wird wie der gekippte Baggersee in *Gier*, die „Ewigkeit" in *In den Alpen* oder das „graue und grausame Land der Mutterliebe" in *Die Klavierspielerin* etc., ein Zustand, der vor allem in den späteren Werken auch auf erzählerischer Ebene inszeniert wird, und der durch keine dramaturgische Notwendigkeit strukturiert und beendet werden kann. „Aber nun rastet eine Weile", heißt denn auch der ironische Aufruf am Ende der *Lust*, nachdem dem Leser ein herkömmliches Ende vorenthalten worden ist.

Spätestens ab „Oh Wildnis, oh Schutz vor ihr" bemüht sich Elfriede Jelinek um keine Handlung, um keine Dramaturgie, die Sätze müssen reichen. Und so muss jeder einzelne Satz aufs Ganze gehen. Jelineks ständig auf Hochtouren laufende Sprache gönnt dem Leser keine Pausen, keine überleitenden Passagen, keinen Höhepunkt, keine Entspannung. Jeder Satz will sein eigener Höhepunkt sein. Auch wenn sich nichts tut in Jelineks Literatur, fad wird einem nie. Die Gleichförmigkeit des Plots wird aufgewogen durch die Artistik der Sprache: Satz für Satz ein Kalauer, ein Einfall, eine unerwartete Wendung, ein Sich-Aufbäumen gegen die Leere.

Elfriede Jelinek schreibt aus einer Haltung heraus, die man, verkürzt und vereinfacht, so paraphrasieren könnte: Alles, was ist, ist schlecht, und ich mache mich darüber lustig. Diese Haltung ist total, allumfassend, macht vor nichts halt (außer vor sich selbst, denn die Position, von der aus Elfriede Jelinek die Welt geißelt, wird nicht in Frage gestellt, geschweige denn verhöhnt), selbstverständlich auch nicht vor der Natur, die ja von Elfriede Jelinek immer wieder als künstliches, medial vermitteltes Produkt entlarvt wird.

Stillstand wird auch auf sprachlicher Ebene inszeniert. Elfriede Jelinek will ja nicht die Abgründe unter den Gemeinplätzen aufzeigen, wie dies Horváth und Kraus taten, sie geht einen Schritt weiter und verwandelt sich ihnen an, oder wie Hubert Lengauer sagt: „Sie spricht mit der ihr eigenen Ironie, oder vielleicht besser: der ambivalenten Süffisanz, die das Gesagte zugleich wahr und besserwisserisch-verlogen (also zitiert) erscheinen läßt."[17] Es gibt keine Differenz zwischen wahr und unwahr, sondern der Gemeinplatz, das Erstarrte, in seiner Form Festgelegte, das zur Aufrechterhaltung der Statik dient und Harmonie und Konfliktlosigkeit vortäuscht, wird in kritischer Absicht zur Norm erhoben.[18] Elfriede Jelinek führt das Klischee spazieren.

Jelineks Prinzip ist die Vermischung: Die Unterschiede werden aufgehoben, ein Potpourri (ein verwesender Eintopf) möglichst disparaten sprachlichen Materials hergestellt. Die sprachlichen Ebenen werden vermischt, wie es ja auch dem Genre der Satire entspricht. Satiriker werfen alles in den gleichen Topf beziehungsweise vermengen Kunterbuntes zu einer Farce, spielen hierarchielos diverse Diskursregister gegeneinander aus.[19] Autorenschaft wird negiert, nicht immer ist klar, wer spricht (was wiederum der Interpretation Vorschub leistet, Elfriede Jelinek sei eine postmoderne Autorin), ein erhabener Hölderlin-Ton liegt über den Niederungen der Pornographie. Triviales und Erhabenes, Belebtes und Unbelebtes, Konkretes und Abstraktes prallen ständig aufeinander, Alltägliches wird in den Begriffen von Mechanik oder Ökonomie dargestellt: „Der Kopf ... wird von einer mütterlichen Orkanwatsche in das Genick zurückgeworfen und rotiert einen Augenblick hilflos wie ein Stehaufmännchen, das sein Gleichgewicht verloren und daher größte Mühe hat, wieder in den Stand zu kommen."[20] Die Metaphern sind schief, unstimmig, pressen Dinge zusammen, die nichts miteinander zu tun haben: „Die Villacherin meidet Maden und Mädeln, Freudentränen ätzen Gummistiefel, Giftlimonade flitzt den Kindern zu den Ohren hinaus, der Zuckerlgeruch von Aas umschwirrt sie, geifernd löst sich eine Lawine vom Hang, der Krebs arbeitet schon jahrelang mühevoll in diesem Trog aus Frau, der Liebesstall ist vorübergehend geschlossen"[21], etc., etc. Eine Sprache, die ein wenig an die Puppen Hans Bellmers erinnert: zerstückelt, zergliedert, an den unmöglichsten Stellen zusammengefügt, mit drei Brüsten oder vier Beinen, merkwürdige Zwitterwesen aus dem Labor eines Demiurgen.

Yasmin Hoffmann spricht in diesem Zusammenhang von depravierter Sprache: von der Lust am Entstellen, Verdrehen, Zerstückeln, der Lust am Zerschneiden, Zerlegen, Montieren, von der Lust am Buchstaben, an der willkürlichen Trennung von Signifikat und Signifikant, am Umprägen, an der innovierenden Textpraxis.[22]

Auf einer bewussten Ebene steht dies alles natürlich im Einklang mit den Postulaten der literarischen Avantgarde, der internationalen wie österreichischen experimentellen Literatur, in deren Tradition Elfriede Jelinek steht, auf einer unbewussten ist darin unschwer das Reich der Analität zu sehen: Heterogenes wird zu Homogenem, zu einem Einheitsbrei, auf die Sprache wird mit sadistischer Lust eingehackt. Yasmin Hoffmann zufolge mortifiziert Elfriede Jelinek die Sprache, sie demütigt sie, degradiert sie zu einem toten Ding, um sie auf eine einzige Aussage zu reduzieren: den Tod, in dem alle Unterschiede, männlich/weiblich, Lust/Unlust, Jugend/Alter etc. aufgehoben sind.[23] Bei Elfriede Jelinek wird die Sprache selbst zum Abfallkübel, zum Schweinestall.

Lacht schon jemand? Denn außer Zweifel steht, dass Elfriede Jelineks Literatur den öden Welten des Stillstands und der Verwesung zum Trotz lustig ist. Nicht nur kritisch, anklagend, sarkastisch, sondern schlichtweg lustig, burlesk, komisch. Satz für Satz explodieren die Kalauer wie respektlose Fürze, die Sprache in ihrer grotesken Verrenktheit ist ein wohltuender Hohn auf die jeder Sprache immanente Tendenz zur Erstarrung. Liest man eine Sequenz wie die oben zitierte, in der der relativ banale, wenn auch brutale Vorgang einer Watsche beschrieben wird, kann man sich das Lachen kaum verkneifen: „der Kopf ... wird von einer mütterlichen Orkanwatsche in das Genick zurückgeworfen und rotiert einen Augenblick hilflos wie ein Stehaufmännchen, das sein Gleichgewicht verloren und daher größte Mühe hat, wieder in den Stand zu kommen. Kaum ist der Kinderkopf ... wieder senkrecht, wo er hingehört, ... wird er von der ungeduldigen Frau wieder aus der Lotrechten befördert." Warum ist das eigentlich so komisch? Weil Elfriede Jelinek die Stilregister vermischt, einen alltäglichen Vorgang unter rein technischem Aspekt sieht, ohne auf die damit einhergehenden Gefühle und Emotionen einzugehen, weil sie komplexe Vorgänge auf ihre äußerlich sichtbare Form, auf ihre Mechanik reduziert, ohne sie erklären oder begründen zu wollen, oder weil sie die latent vorhandene Aggressivität der Eltern ihren Kindern gegenüber sanktioniert wie in einem reaktionären Witz?

Elfriede Jelinek selbst versucht ja hartnäckig, wenn auch relativ erfolglos, das Unterhaltsame ihrer Literatur hervorzuheben (*Gier* ist dem Untertitel zufolge ein „Unterhaltungsroman"). Unbestreitbar ist zweifellos die Verwandtschaft ihrer Personen (und zwar nicht nur der Theaterstücke, sondern vor allem auch der Romane) mit den *dramatis personae* des österreichischen Volksstücks. Wie bei Kraus und Horváth sind auch ihre Figuren Opfer ihrer Sprache, korrumpiert von sozialen Verhältnissen und falschem Bewusstsein. Erika, Gerti, der Herr Direktor, der Gendarm Janisch etc. fühlen sich in ihrer Verkommenheit jedoch recht wohl und sind somit genauso „böse" und „besserungsunfähig" wie Oskar, Alfred und der Zauberkönig.[24] Sie sind keine tragischen, sondern komische Figuren, auch wenn ihr Schicksal, stellte man es sich als reales vor, durchaus ein tragisches wäre. Erika und ihre Mutter, Gerti, die Liebhaberinnen, der Herr Direktor, der Gendarm Janisch etc. sind (wie zum Teil ja schon ihre Namen beweisen) Schablonen, Kasperln, Typen, *commedia dell'arte* im Österreich von heute. Elfriede Jelinek versucht ja in keiner Weise zu erklären, warum sie so geworden sind, kein Kindheitstrauma, keine Psychologie wird zu ihrer Verteidigung aufgeboten (sogar die herrschsüchtige, dominante Mutter, der auf dem Steinhof verdämmerte Vater, die *Klavierspielerin* samt ihrer Schaulust und ihrer schwachen Blase sind eher Versatzstücke aus der Schatzkiste der Trivialpsychologie denn Fallstudien), allenfalls die ökonomischen und sozialen Verhältnisse, mit denen sich der Habitus erklären lässt, während die Psychologie das Individuelle in den Vordergrund rücken würde. Sie sind Phrasendrescher, „willenlose Reiter auf den mit ihnen durchgehenden Zitaten und Assoziationen"[25]. Sie haben keine Tiefe, sie sind reine Oberfläche. (Insofern scheint Michael Hanekes Film *Die Klavierspielerin*, auch wenn er in sich stimmig ist, den Jelinekschen Geist zu verfehlen: Im Film ist Erika Kohut eine Person, ein Individuum, das an ihrer Umwelt zerbricht, im Roman ist sie eine zappelnde Marionette.) Das Lachen bleibt einem im Halse stecken: Entweder man verlacht die Personen und bestätigt somit den Vorwurf, Elfriede Jelinek würde ihre Personen denunzieren, oder man identifiziert sich mit ihnen – wie die feministischen Fans Elfriede Jelineks, die den Erzählpakt nicht durchschauen und meinen, Walter Klemmer, der Herr Direktor, der Gendarm Janisch seien tatsächlich Vergewaltiger und Mörder und nicht ebenfalls Schablonen, die die ihnen zugedachte Rolle und Sprache durchexerzieren und somit Täter- und Opferschaft in sich vereinen. Im karnevalesken Universum Elfriede Jelineks gibt es keinen Unterschied zwischen Opfern und Tätern (genauso wenig wie zwischen Neugeborenen und Verstorbenen), beide fallen auf einen Punkt zusammen. „Ein Mord ist nichts anderes als ein bisschen durcheinandergeratene Materie." Mitleid haben auch die Opfer nicht verdient: Ob sie nun in *Gier* in Seen versenkt, mit ihrer eigenen Unterwäsche erwürgt oder von Lawinen begraben werden oder *In den Alpen* hilflos in einer Zahnradbahn verbrennen, Elfriede Jelineks Spott ist ihnen sicher. Jedes Opfer ist auch Täter (ob als Nazi, Schifahrer oder Tourist), allesamt sind sie Opfer ihres Bewusstseins, ihrer Sprache.

In *Das Lachen* schreibt Henri Bergson über den Mechanismus des Komischen: „Etwas Mechanisches überdeckt etwas Lebendiges … Das, was unser Gelächter erregte, war die vorübergehende Verwandlung einer Person in ein Ding."[26] Das Lachen sei demnach die kollektive Abwehr alles Dinghaften, Mechanischen, es bestrafe eine gewisse „Zerstreutheit", die sich in der Unfähigkeit äußere, sich den wechselnden Erfordernissen des Lebens anzupassen, und statt dessen auf alten, bewährten Positionen verharre.

Das Mechanische bedeutet Abhängigkeit, Unfreiheit, Zwang, das Individuelle tritt hinter gewissen Mechanismen, dem Jargonhaften der Sprache, den Zwängen des eigenen Berufsstandes, der Abhängigkeit von den eigenen Marotten zurück. Das Lebendige würde im Gegensatz dazu Freiheit bedeuten, die Möglichkeit, sich aus einer unwürdigen Situation zu befreien, Veränderung. Hamlet, der Held der bürgerlichen Tragödie, der über sein Leiden und sein Scheitern reflektiert, ist dieser Definition zufolge frei, unfrei sind die Antihelden der Komödie, „... armselige Marionetten am Faden, den die Notwendigkeit in Händen hält"[27]; sie sind Spielbälle ihrer eigenen Wünsche und Triebe, ihrer Gier, ihrer Geilheit, ihrer Verklemmtheit, Objekte ihrer selbst, während der tragische Held an der Konfrontation mit einer äußeren Realität, der Gesellschaft, zerbricht.

„Wir sehen einen Körper", heißt es bei Henri Bergson weiter über die Funktionsweise des Komischen, „der sich auf Kosten der Seele breitmacht". Was also ist komischer als ein Kinderkopf, der rotiert wie ein Stehaufmännchen?

Komisch ist, wenn anstelle erwachsenen Denkens, das angesichts tragischer Vorfälle Mitgefühl und Pietät nahelegen würde, unadäquates, „kindisches" beziehungsweise egoistisches Denken, hart an der Grenze zum Zynismus, vorgezeigt wird, wie in den Romanen *Lust* und *Gier*:

Die Mutter weint aber lieber um den Täter als um ihren Buben, so macht ihr das Weinen mehr Freude. Sie hat schließlich noch mehr Kinder, alle genauso wie dieses, allerdings in verschiedenen Altersklassen. Man merkt kaum, wenn eines fehlt. Der Mörder wird auf der Flucht erschossen, da er in einer Kapelle auch noch eine Nonne schlachten wollte. Es hat den Falschen getroffen, weint jetzt untröstlich die Frau, die ihn liebte. Kinder könnte ich noch immer kriegen, aber einen solchen Mann kriege ich nimmermehr.[28]

Der Porno schließlich, in dem die Akteure in ewiger Wiederholung übereinander herfallen wie ferngesteuerte Puppen, ist der endgültige Triumph der Mechanik über die Sexualität. Wie die Typen der Komödie demonstrieren auch die Akteure der Pornographie, dass sie Hampelmänner sind, einer Notwendigkeit gehorchen, den Bedürfnissen des Körpers ausgesetzt sind wie gesellschaftlichen Zwängen. Bei Elfriede Jelinek wird sogar das Vögeln zur mechanischen Pflichtübung. Wie unter einem Zwang stehend schiebt der Herr Direktor seiner Gerti immer wieder sein Ding hinein, genauso wie er sein Sägewerk verwaltet und seine Arbeiter unterdrückt und die Natur unterwirft.

Elfriede Jelinek versteht es, komische Effekte in einem durchaus handwerklichen Sinn zu setzen (nicht zufällig hat sie Feydeau und Labiche übersetzt). Auch die Natur als „Opfer eines mechanischen Schwindels", dieses ureigene Jelinek-Thema, ist ein bewährtes komisches Motiv: Bei Labiche tritt es etwa als Bild einer Schweiz auf, die wie eine Theatermaschinerie funktioniert und deren Wasserfälle, Gletscher und falsche Gletscherspalten von einer Aktiengesellschaft betrieben werden.[29] Auch die Entschleierung der Mythen, die Leben vortäuschen, wo nur noch Maskerade ist, ist eine bewährte komische Technik (siehe Offenbach), allerdings wird bei der Jelinek-Rezeption das Komische zumeist unter dem Aspekt der Kritik gesehen.

Komisch sind die Personen Elfriede Jelineks, die mit Hilfe einer entäußerten Sprache ihr Innerstes preisgeben, sich in der „Schlinge der Sprache"[30] verfangen. Komisch ist die Kreisförmigkeit der Dramaturgie, wo am Schluss alles zum Ausgangspunkt zurückkehrt, und die Wieder-

holung, wenn in *Lust* die Frau „stillsteht wie eine Klomu-
schel‘", damit der Mann zum x-ten Mal „sein Geschäft
in sie hineinmachen kann". Und komisch ist nicht zuletzt der Zufall, die Mechanik par excellence, die jegliche
menschliche Intention zunichte macht: Ist es tatsächlich
zum Lachen, wenn eine ursprünglich bedeutungslose Ursache (wie ein Heizstrahler) zwangsläufig zu einem ebenso bedeutsamen wie unerwarteten Ergebnis führt und
hundert Menschen „mitsamt ihrer Schmelzkäsekleidung
durch den Boden hindurch tropfen und die Schienen mit
ihrer Asche belegen"?

Auch Elfriede Jelineks Sprache gehorcht den Bauge-
setzen des Komischen: Komisch ist die Unifizierung: die
Vermischung von eigentlichem und übertragenem Sinn,
Abstraktem und Konkretem, Banalem und Erhabenem
etc. Komisch ist, wenn Sprichwörtliches seines Sinns ent-
leert wird, die leere Hülse über den Inhalt triumphiert,
wenn Bilder verschoben werden – kurz und schlecht (wie
Elfriede Jelinek sagen würde), wenn die Sprache ihrer
Mechanik überführt wird.

Die Hand hat der Direktor schon in der Hosentasche und streichelt
seinen Knüppel durch den Sack hindurch. Gleich wird sich sein
reichlich abgemessener Strahl auf die Frau stürzen. Und auch das
Kind strahlt …[31]

Henri Bergson unterscheidet drei Formen sprachlicher
Komik: Ein Satz ist komisch, wenn er auch umgekehrt
noch einen Sinn ergibt („Sie können was, wofür sich ein
Körper lohnt!") oder wenn er zwei völlig unabhängige
Gedankensysteme zum Ausdruck bringt, ohne zwischen
den beiden zu unterscheiden (die Fahrt im brennenden
„Gletscherdrachen" als sportliche Leistung, bei der es um
einen Rekord geht: Wer ist als erster tot?). Oder wenn er

aus der Umsetzung einer Idee in eine ihr fremde Tonart entstanden ist (Hölderlin-Ton im Porno).

Und last but not least der Kalauer, Elfriede Jelineks Stilmittel par excellence, das beinahe Satz für Satz zum Einsatz kommt. Der Kalauer vermischt Worte, die nichts miteinander zu tun haben, wobei er sich die Tatsache zunutze macht, dass sie gleich klingen: Der Kalauer verrät also eine vorübergehende „Zerstreutheit" der Sprache: sie lässt sich missbrauchen, manipulieren, passt sich nicht den Notwendigkeiten an, deshalb ist sie komisch.

Freud zufolge stellt der Witz den infantilen Typus der Denkarbeit dar: der Autor vollbringt durchaus eine intellektuelle Leistung, die allerdings nicht der gängigen Vernunft und Logik, sondern der kindlichen, infantilen Logik entspricht. Freud spricht im Fall des Witzes sogar von einer *Minderleistung der Denkfähigkeit*, weil es nämlich einfacher sei, von einem eingeschlagenen Gedankenweg abzuweichen als ihn festzuhalten, Unterschiedenes zusammenzuwerfen als es in Gegensatz zu bringen, bei der Zusammenfügung von Worten oder Gedanken von der Bedingung abzusehen, dass sie auch einen Sinn ergeben sollen- worin eben lauter Techniken des Witzes bestehen.

Ein wenig ergreift diese Komödie auch von der Person Elfriede Jelineks Besitz, ragt in das Gesamtkunstwerk Elfriede Jelinek hinein. Sind ihren Zöpfchen, ihre „Trümmerfrauenfrisur", ihre ständigen Beschwörungen, als schreibende Frau nicht ernst genommen zu werden (wobei ihr doch der Platz im Parnass der österreichischen Literatur des 20. Jahrhunderts längst zugewiesen ist), nicht auch eine Weigerung, sich anzupassen, eine „Zerstreutheit"? Und hat der Feminismus, so wie er auch von Elfriede Jelinek als Begleitmusik zu ihrem literarischen Werk immer wieder propagiert wird, nicht auch komische Aspekte? Der Feminismus, der sich darauf versteift, die althergebrachten Klagen von der Benachteiligung der Frauen mechanisch herunterzubeten, anstatt der Wirklichkeit Rechnung zu tragen. Laut Katharina Rutschky haben moderne Gesellschaften durchaus nicht die Neigung, Frauen zu diskriminieren, sondern die Tendenz, sie überflüssig zu machen. Die „phallische Anmaßung", von der Jelinek so häufig spricht, wäre demnach nicht nur nicht verboten, sondern durchaus erwünscht. Nur als Mann kann frau überleben: „Man sieht heute eben nur noch die eine Seite, wenn man darauf abhebt, dass Frauen keine Kinder mehr kriegen müssen und nicht mehr nur auf den Status der Gebärmaschine, der sich aufopfernden Mutter und bornierten Hausfrau etc. reduziert werden können – sie dürfen und sollen das auch nicht länger."[32]Moderne Gesellschaften – also auch Männer –, die ihren Mitgliedern Arbeit, Nahrung, Bildung und Gesundheit gewähren wollen, haben also ein Interesse an niedrigem Bevölkerungswachstum und somit an der Emanzipation von Frauen. „Das hat zwar ihren vehementen Widerstand nicht immer verhindert, erklärt aber, warum er Punkt für Punkt aufgegeben wurde."[33]

Komisch ist also, wenn ein einzelner sich gegen das Leben in der Gesellschaft und die sich ändernden Anforderungen sträubt, sich versteift und wie Don Quijote oder die heutigen Feministinnen gegen Windmühlen ankämpft. Elfriede Jelineks Literatur ist eine einzige solche Versteifung, eine Weigerung, sich anzupassen, auf erwachsene, rationale Weise mit den Dingen umzugehen.

Elfriede Jelinek zeigt eine auf ihre Mechanik reduzierte Welt (wer lacht, muss seine Gefühle ausschalten, nicht umsonst wird Elfriede Jelinek immer wieder vorgeworfen, eine „Gefriermaschine" zu sein), beschränkt sich auf eine rein „äußerliche Betrachtungsweise":

So neugierig der Komödiendichter auf die lächerlichen Seiten der menschlichen Natur auch sein mag, er wird wohl nie so weit gehen, dass er auch den eigenen nachspürt. Er fände auch gar keine, denn lächerlich ist an uns nur das, was sich unserem Bewusstsein entzieht.[34]

Elfriede Jelineks Literatur ist komisch, ein Witz, und das Lachen, das man beim Lesen unweigerlich anstimmt, verdankt sich dem Umstand, dass sie – wie beim Witz im Freudschen Sinn - Vorstellungen und Gedankenverbindungen herstellt, deren Bildung zweifellos massive innere und äußere Hindernisse entgegenstanden: angefangen bei den konsequent inszenierten Neid und Kastrationsphantasien bis hin zum Hohn über die Opfer der Brandkatastrophe in Kaprun. Im Lichte der Vernunft betrachtet, transportiert Elfriede Jelineks auf den ersten Blick so kritische und feministische Literatur nämlich eine reaktionäre Botschaft: dass Veränderung unmöglich und erwachsene Sexualität verabscheuungswürdig ist.

Anmerkungen

1 Rudolf Burger: Der böse Blick der Elfriede Jelinek. Zit. n: Christa Gürtler: Gegen den schönen Schein. Texte zu Elfriede Jelinek. Frankfurt am Main 1990.

2 Claudio Magris: Der habsburgische Mythos in der modernen österreichischen Literatur. Wien 2000.

3 Robert Menasse: Die sozialpartnerschaftliche Ästhetik. Essays zum österreichischen Geist. Wien 1990.

4 Zit. n. Edward W. Said: Die Welt, der Text und der Kritiker. Frankfurt am Main 1997, S. 79 ff.

5 Helmut Arntzen: Nachricht von der Satire. Zit. n. Konstanze Fliedl: Echt sind nur wir! Realismus und Satire bei Elfriede Jelinek. In: Kurt Bartsch / Günther Höfler (Hrsg.): Dossier Elfriede Jelinek. Graz 1991.

6 Elfriede Jelinek: Ich möchte seicht sein. In: Christa Gürtler, op. cit., S. 157.

7 Siehe dazu Karl Heinz Bohrer: „Der utopische Kern imaginativer Schreibhandlungen ist nämlich den anderen Formen des Geistes darin überlegen, daß er sich nicht den Objekten unterwerfen läßt. Er bezieht seine Erkennungszeichen nicht aus den schon vorgegebenen Objekten, auch nicht bloß aus dem Subjekt, sondern aus dem Konflikt zwischen beiden. Er scheint mir das einzig sicher angebbare Kriterium von Literatur zu sein. Ihre Kritik kann sich also nicht an vorgegebenen intellektuellen Standards orientieren. Die Entdeckung, inwiefern diese oder jene literarische Sprache dieser oder jener theoretischen Schule (z. B. Strukturalismus, Informationstheorie, Wittgenstein) entspricht, sinnlich variiert, ideologisch bestätigt – all das könnte kein literarkritisches Indiz abgeben." In: Karl Heinz Bohrer: Der Lauf des Freitag. Die lädierte Utopie und die Dichter. München 1973, S. 76.

8 Konstanze Fliedl: op. cit., S. 70.

9 Yasmin Hoffmann: Elfriede Jelinek. Sprach- und Kulturkritik im Erzählwerk. Opladen 1999, S. 48 ff.

10 Elfriede Jelinek: Die Liehaberinnen. Reinbek 1975, S. 7.

11 Elfriede Jelinek: Die Klavierspielerin. Reinbek 1983, S. 116.

12 Elfriede Jelinek: Die Liebhaberinnen, op. cit., S. 13.

13 Elfriede Jelinek: In den Alpen. Drei Dramen. Berlin 2002, S. 16.

14 Siehe dazu Susan Sontag: Im Zeichen des Saturn. München 1981.

15 Siehe dazu Beda Allemann: Ironie und Dichtung. Pfullingen 1956.

16 Edmond Jabes, zit. n. Thomas Macho: Todesmetaphern. Frankfurt am Main 1987.

17 Hubert Lengauer: Jenseits vom Volk. Elfriede Jelineks ‚Posse mit Gesang' burgtheater. In: Ursula Hassel / Herbert Herzmann (Hrsg.): Das zeitgenössische deutschsprachige Volksstück. Tübingen 1992, S. 216.

18 Siehe Yasmin Hoffmann, op. cit., S. 158 ff.

19 Ibidem.

20 Elfriede Jelinek: Die Klavierspielerin, op. cit., S. 60.

21 Alle Zitate aus Oh Wildnis, oh Schutz vor ihr, Reinbek 1985.

22 Yasmin Hoffmann, op. cit., S. 158 ff.

23 Ibidem, S. 196.

24 Siehe dazu Herbert Herzmann: Tradition und Subversion. Das Volksstück und das epische Theater. Tübingen 1997.

25 Hubert Lengauer, op. cit., S. 219.

26 Henri Bergson: Das Lachen. Ein Essay über die Bedeutung des Komischen. Darmstadt 1988.

27 Ibidem, S. 58.

28 Elfriede Jelinek: Gier. Reinbek 2000, S. 60.

29 Siehe Henri Bergson, op. cit. S. 36.

30 Ibidem, S. 83.

31 Elfriede Jelinek: Lust. S. 216.

32 Katharina Rutschky: Emma und ihre Schwestern. Ausflüge in den real existierenden Feminismus. München–Wien 1999, S. 41 ff.

33 Ibidem.

34 Henri Bergson, op. cit., S. 108.

Die Sirenen der Wortwörtlichkeit

Oder: Wie man schlechte Übersetzungen erkennt

Als ich vor mittlerweile dreißig Jahren am Dolmetschinstitut zu studieren begann, gab es eine beliebte Lehrveranstaltung. Sie hieß „Übersetzen Deutsch / Englisch I, Leichte Texte". Beliebt war sie vor allem deshalb, weil die Prüfung kein großes Hindernis darstellte, ein leichter Schein war, und übersetzt wurden Erzählungen von Franz Kafka.

Wir Erstsemestrige haben lustig drauflos übersetzt, aus der Muttersprache Deutsch ins Englische noch dazu, ohne Respekt vor dem Handwerk und ohne Respekt vor dem Meister. Später habe ich mit der Geschichte für Staunen, Belustigung und auch Empörung gesorgt, mittlerweile muss ich sagen, sie enthält auch ein Körnchen Wahrheit: Franz Kafka ist aus der Perspektive des Übersetzers ein einfacher Text, Franz Kafka ist übersetzbar.

Einfach beziehungsweise machbar ist eine Übersetzung immer dann, wenn der Autor des zu übersetzenden Textes die Gesetzmäßigkeiten der Sprache respektiert, erwachsenen Ernst an den Tag legt, schwierig wird die Sache, wenn die Gesetze unterlaufen werden, wenn mit Sprache gespielt wird. Ernst und gedankliche Tiefe und Komplexität stellen kein Hindernis für den Übersetzer dar, Gesetz und Ordnung lassen sich in der Zielsprache reproduzieren, schwierig oder unmöglich wird es, wenn der Autor des zu übersetzenden Textes blödelt, witzelt, kalauert oder wenn er reimt.

Ein idealer Übersetzer, ein Übersetzer, der weder über literaturwissenschaftliche Kenntnisse verfügte noch über eigene Lektüreerfahrungen, der zur Beurteilung von Texten kein anderes Kriterium heranzöge als deren Übersetzbarkeit, müsste – einmal abgesehen davon, dass er keine Unterscheidungsmöglichkeit zwischen literarischen und trivialen Texten besäße – die Literatur in zwei Gruppen unterteilen: in übersetzbare oder einfache Autoren wie eben Franz Kafka und in schwierige oder unübersetzbare wie z. B. Nestroy oder Elfriede Jelinek.

Einfach oder machbar ist für den Übersetzer in literarischen wie auch in nicht literarischen Texten die Tiefe der Gedanken, das Komplexe, das sich im Rahmen von Rationalität und Vernunft äußert, schwierig ist für ihn in literarischen wie in nicht literarischen Texten das Spielerische, das Unterschiedliches zusammenwirft, bloß weil es ähnlich klingt, die Oberfläche der Sprache inszeniert. Kafka ist ein Fressen für ihn, vor einem albernen Werbespruch wie „Geiz ist geil" hingegen muss er kapitulieren.

Als Übersetzer müssen wir über jeden Gedanken froh sein, den wir zu fassen kriegen. Der Gedanke, der Sinn, ist der Strohhalm, der uns vor dem Ertrinken rettet. „Für das Eindeutschen", schreibt Karl Dedecius – und ich lasse dieses Wort fürs Erste unkommentiert stehen – „ist es sogar erforderlich, nach Entsprechungen zu suchen, die weniger der unzuverlässigen Hülle, diesem Chamäleon Wort folgen, als nach seinem Innenleben, nach dem Sinn, der es erfüllt, und nach dem Geist, der es erfüllt, zu trachten."[1]

Dorthin, wo der Sinn völlig dem Chamäleon Wort geopfert wird, können wir weder dem Lautgedicht noch dem Werbeslogan folgen.

Das Spielerische ist also nicht nur eine Eigenschaft der Kunst, sondern der Sprache selbst, weshalb dem Übersetzer eine triviale Äußerung unter Umständen mehr Schwierigkeiten bereitet als ein hochliterarischer Text, und Kafka ist – um bei diesem Beispiel zu bleiben – natürlich kein einfacher Autor, und er verzichtet natürlich auch nicht auf das der Sprache inhärente spielerische Potential. Kafka hat – wie viele andere Autoren auch – die literarische Großtat vollbracht, amorphe psychische Zustände und Vorgänge in Bilder und Symbole umzusetzen, die zwar nicht völlig in Rationalität aufgehen, also einen Rest von Geheimnis und Undeutbarem bewahren, aber dennoch mit dem Verstand fassbar sind. Leser und Literaturwissenschaftler mögen sich den Kopf darüber zerbrechen, was die *Verwandlung* oder die *Turmuhr* beziehungsweise die in den gleichnamigen Erzählungen geschilderten Vorgänge bedeuten mögen, dem Übersetzer kann es im Grunde egal sein. Er muss die sublimierende Großtat des Autors nicht tätig nachvollziehen, er muss das Chaos der Primärprozesse nicht auf die Ebene der Worte und Gedanken haben, die Genese der Worte und Bilder nicht sichtbar machen. Er tritt erst in dem Augenblick auf den Plan, in dem Ordnung und Form bereits vorliegen, er bekommt ein bereits fertiges Resultat in die Hand gedrückt: eine natürlich stilistische Eigenheiten aufweisende Sprache, Bilder und Worte, die zum Glück nicht völlig inkompatibel mit den Bildern und Worten anderer Sprachen sind. Ihre schillernde Unergründlichkeit geht in der Übersetzung nicht völlig verloren.

Nicht völlig. Natürlich geht immer etwas verloren. Selbst ein in harmloser Alltagssprache formulierter Text verliert in der Übersetzung seine Prägnanz, wie arg muss es also um die Formen der Mitteilung bestellt sein, bei denen die Form ein wesentliches Element der Mitteilung ist?

Das Inadäquate, nicht zu hundert Prozent Entsprechende ist das Schicksal der Übersetzung. Legion sind die Äußerungen von Autoren, die die Übersetzung heftig schmähen, das der Übersetzung inhärente Defizit – Defizit in Bezug auf das Original – mit Vehemenz beanstanden, als maße sich die Übersetzung etwas an, was ihr im Grunde nicht zustehe, fast als würde sie sich der Hochstapelei schuldig machen. Von dem amerikanischen Lyriker Robert Frost stammt die Formulierung, die auch für einen Film Pate gestanden hat. „Poetry is what gets lost in translation". Luigi Pirandello verglich die Übersetzer mit Musikern und Illustratoren, die die Abstraktion des Kunstwerks in die Niederungen des Körperlichen zurückführten. „Die Übersetzung versucht das Unmögliche: als ob sie einem Leichnam neues Leben einhauchen möchte."[2] Handke sieht im Übersetzen vor allem eine Erholung vom anstrengenden Schriftstellerdasein. Am eindringlichsten ist die Formulierung Walter Benjamins. Ihm zufolge weise das Kunstwerk „eine gewisse Einheit wie Frucht und Schale" auf, so dass das eine nie ohne das andere zu haben ist. Die Sprache der Übersetzung hingegen bedeute eine höhere Sprache, als sie ist, und bleibe dadurch ihrem eigenen Gehalt gegenüber fremd, umschließe ihn wie ein Königsmantel, unangemessen, gewaltig und fremd.

Die Übersetzung aber sieht sich nicht wie die Dichtung gleichsam im inneren Bergwald der Sprache selbst, sondern außerhalb desselben, ihm gegenüber und ohne ihn zu betreten ruft sie das Original hinein, an denjenigen einzigen Orte hinein, wo jeweils das Echo in der eigenen den Widerhall eines Werkes in der fremden Sprache zu geben vermag.[3]

Der Grund für dieses Defizit – Defizit in Bezug auf das Original – liegt allerdings nicht nur in der Inkompatibilität der Sprachen, auch wenn er davon nicht loszulösen ist. Die Übersetzung ist eine Nacherzählung, die ihre Notwendigkeit aus der Tatsache bezieht, dass es verschiedene, nicht universal verständliche Sprachen gibt. Eine Nacherzählung, die vorgefundenes Material weiterverwendet, die sich nicht bemühen muss, amorphes Material in Form und Ordnung zu bringen, sondern sich darauf beschränkt, eine bereits vorliegende Form weiterzuverwenden, nachzuahmen. Die nicht eine Form finden muss, sondern eine bestehende Form imitiert.

Jeder, der schreibt, auch nicht literarisch schreibt, weiß, wie mühselig es sein kann, Gedanken und Gefühle, von denen man glaubt, sie lägen bereits fertig bereit, tatsächlich zu formulieren, sie aufs Papier zu bringen. Beim Schreiben hat man den Eindruck, dass es diese Gedanken gar nicht gibt, dass es sie erst gibt, wenn man sie tatsächlich aufs Papier gebracht hat, dass es sie eigentlich erst in dem Augenblick gibt, in dem sie eine Form gefunden haben. Genau diese Arbeit braucht man beim Übersetzen nicht zu leisten. Eine topographische Darstellung des Schreibens würde demnach eine vertikale, die des Übersetzens eine horizontale Bewegung sein. Es verschiebt Inhalte von Oberfläche zu Oberfläche. Der Übersetzer ist ein Sprachsurfer, wie der Schweizer Literaturwissenschaftler Peter Utz treffend sagt.

Aus diesem Grund erweckt das Kunstwerk den Eindruck von etwas Gewachsenem und Natürlichem – Frucht und Schale, die ohne einander nicht zu haben sind –, als könne es gar nicht in einer anderen Form existieren, als gäbe es gar keine andere Ausdrucksmöglichkeit für diese gewissen Inhalte, während die Übersetzung etwas Artifizielles ist, etwas Nachgemachtes. Und daher auch der hybride Charakter der Übersetzung, die ein Kunstwerk sein will – die ja auch das Kunstwerk ist, bloß in einer anderen Sprache –, allerdings ohne dessen sublimierende Arbeit geleistet zu haben, wie der Königsmantel nur dessen Insignien aufweist, in gewisser Weise also hochstapelt, eine „höhere Sprache bedeutet, als sie ist". Eine Nacherzählung, die rein theoretisch auch in derselben Sprache stattfinden könnte, wenn danach ein Bedarf bestünde.

Und tatsächlich besteht auch Bedarf an Nacherzählungen, die den Zweck verfolgen, einem bestimmten Publikum gewisse Inhalte nahezubringen, ohne es mit der sprachlichen und gedanklichen Komplexität zu belasten, mit der diese ursprünglich einhergingen.

Die abendländische Kultur wird ja unablässig auf diese Weise recycelt. Im Volksschullesebuch meiner Tochter finde ich zum Beispiel eine kurze Prosaversion der Geschichte vom Raben und vom Fuchs. Eine hübsche Geschichte, die allerdings kaum noch etwas mit Lafontaines kapriziösem Original zu tun hat: „Maître courbeau, sur un arbre perché, tenait dans son bec un fromage ..."

Die griechische Mythologie, die Klassiker der Literatur werden im Rundfunk, im Kino und im Fernsehen nacherzählt. Die Plots bleiben über, poetry gets lost.

Und die sogenannte postmoderne Literatur, die sich darauf beschränkt, die Inhalte der abendländischen Kultur weiterzuverwenden, neu anzuordnen, ohne eine adäquate Form für neue Inhalte zu finden, erinnert ihrerseits zuweilen an eine mehrere Jahrhunderte und mehrere Sprachen umspannende Übersetzung.

Die Übersetzung unterscheidet sich strukturell nicht von

diesen Formen der Wiederholung, und obwohl die Profanisierung absolut nicht ihr Ziel ist, muss sie sie in Kauf nehmen. Sie muss sie in Kauf nehmen, weil eine Wiederholung die sublimierende Arbeit des Originals weder leisten kann noch muss und weil andererseits eine sprachliche Äußerung in einer anderen Sprache nicht identisch zu wiederholen ist – was andererseits auch das Glück der Übersetzung ist. Denn allein die größtmögliche Überwindung dessen, was sich ihr entgegenstellt, macht sie zu einer Leistung.

Eine realistische Einschätzung des Übersetzens kommt um diese beiden – wahrscheinlich kränkenden – Tatsachen nicht herum. Die Übersetzung ist eine Annäherung und eine Wiederholung oder brutaler ausgedrückt eine Entstellung und Profanisierung.

Sie ist eine Annäherung, weil wir gezwungen sind, den Primat des Logos anzuerkennen, den Sinn eines Textes abzuschöpfen, herauszupräparieren, und weil auf diese Weise – nicht nur bei der als zumeist unübersetzbar geltenden Lyrik, sondern auch bei Prosa – viel vom Klang, von der Bildlichkeit, von der Sprachmusik, dem Rhythmus, poetry eben, verloren gehen muss. Das Wesentliche, wenn wir davon ausgehen, dass Form und Inhalt in der Kunst nicht nur nicht zu trennen sind, sondern einander bedingen.

„Die schlimmsten Fehler beim Übersetzen sind die musikalischen", hat die Schriftstellerin und Übersetzerin Ilma Rakusa einmal gesagt, worin ich ihr zum Teil recht gebe. Doch was passiert andererseits, wenn ich dem Klang, dem Rhythmus zuliebe den Inhalt opfere, aus der Sonne einen Mond mache oder umgekehrt? „Wort ohne Sinn kann nicht in den Himmel dringen", wie der König im *Hamlet* formuliert.

Gesualdo Bufalino, ein italienischer Autor, dessen Roman *Das Pesthaus* ich übersetzt habe, hat in einem Kommentar zu ebendiesem Werk geschrieben, ein Kapitel sei aufgrund eines Sprachspiels entstanden, aufgrund des Versuchs, eine logische Handlung für fünfzig Worte zu finden, die er davor aufgrund ihres Klanges, ihres Timbres, ihrer Bedeutung ausgesucht hatte. Ich muss gestehen, niemals herausgefunden zu haben, um welches Kapitel es sich handelt, und wahrscheinlich ist es auch besser so, denn die Worte meiner Übersetzung, die die logische Handlung des Kapitels wiedergeben, quasi dem Sinn geopfert wurden, werden nicht mehr viel vom Klang und vom Timbre der im Original verwendeten Worte bewahren.

Ein „universelles Gesetz" jenseits aller historisch und kulturell veränderlichen Normen ist auch die stilistische „Verflachung" von Metaphern. Aufgrund der vielen Konnotationen, die eine Metapher mit sich schleppt, lässt sich nicht jedes Bild, das in der Ausgangssprache funktioniert, ohne weiteres in die Zielsprache übertragen, wo die Konnotationen die Denotationen überwuchern würden, wobei das Problem umso größer wird, je kreativer ein Autor bei der Erfindung von Metaphern ist, während sich lexikalisierte, also in den Wortschatz eingegangene Metaphern zumeist mühelos übertragen lassen.

Für gewöhnlich gilt also, dass Metaphern abgeschwächt oder in einen Vergleich übergeführt werden.

Ein Satz aus Musils *Mann ohne Eigenschaften* etwa lautet: Der Spätfrühling-Herbsttag beseligte ihn. Die Luft gor. In der italienischen Übersetzung wird daraus: L'aria era come un lievito. (Die Luft war wie Hefe).[4]

Auch der Prager Strukturalist Jiří Levý weist in seinem Standardwerk *Die literarische Übersetzung*[5] darauf hin, dass die Auflösung von Metaphern in Vergleiche eine der charakteristischsten Züge poetischer Übersetzungen sei, wobei er zwar keine wesensmäßigen Unterschiede zwischen den beiden Figuren sieht, aber gleichwohl in dem Verlust an Intensität und Unmittelbarkeit eine stilistische Abschwächung erkennt.

In gleicher Weise neigt die Übersetzung dazu zu logisieren, also Dinge zu erklären, expliziter zu machen, sie nicht in ihrer Unmittelbarkeit und Unverständlichkeit stehen zu lassen. Der Übersetzer muss sich den Text verstehend aneignen, und es ist nahezu unmöglich, diese Verständnisleistung wieder rückgängig zu machen, dem Text das Mysterium zurückzugeben, das man ihm dadurch genommen hat. Es ist also ein wenig, als würde die Übersetzung eine Art Grauschleier über die Unmittelbarkeit und Buntheit des Originals legen.

Übersetzungen, die etwas taugen, wissen um dieses ihnen inhärente Manko und versuchen es so weit wie möglich zum Verschwinden zu bringen, es möglichst klein zu halten. Sie versuchen, den Sinn herauszupräparieren und so viel wie möglich vom Klang, von der Sprachmelodie, vom Rhythmus beizubehalten. Fehler sollen dabei vermieden, Mängel müssen jedoch in Kauf genommen werden. „Das ruhmreiche Privileg der Unübersetzbarkeit", wie es bei Gérard Genette[6] heißt, ist zwar noch immer der Poesie vorbehalten, doch ist es für die übersetzerische Praxis fruchtbarer, nicht zwischen Prosa und Poesie, übersetzbaren und unübersetzbaren Texten zu unterscheiden, sondern zwischen Texten, für die sich die unvermeidlichen, durch die Übersetzung bedingten Mängel als schädlich erweisen, und jenen, wo sie nicht so sehr oder vielleicht auch gar nicht ins Gewicht fallen.

In dieser Bemühung, die Kluft möglichst klein zu halten, sind die Arbeit und die zu honorierende Leistung der Übersetzung zu sehen. Und sofern dies überhaupt nötig ist, möchte ich hinzufügen, dass es keine geringe Arbeit und keine geringe Leistung ist. Übersetzer, die etwas taugen, machen dies intuitiv, weil sie über ein spezielles Sensorium verfügen, und sie machen es bewusst, indem sie sich an die Normen halten, die von der Übersetzungswissenschaft und verwandten Disziplinen erarbeitet wurden.

Der große Feind dieser Normen, dieses Ziels der Übersetzung ist die Wortwörtlichkeit. Die Wortwörtlichkeit ist die Sirene, deren verlockendem Ruf sich der Übersetzer tunlichst entziehen sollte, entweder indem er mit Wachs in den Ohren rudert oder sich wie Odysseus an den Mast fesseln lässt. Die Wortwörtlichkeit ist das Lustprinzip, dem er das zweifellos mühevollere und kränkendere Realitätsprinzip vorzuziehen hat.

Wortwörtlichkeit ist einerseits ein Anfängerfehler. Sie ist der leichteste Weg zum Gipfel, den jeder Ungeübte, der keine Ahnung vom technical climbing hat, automatisch einschlagen wird. Legt man einem Studenten im ersten Semester einen Text vor, wird er beinahe so sicher wie das Amen im Gebet die Syntax des Ausgangstextes in der Zielsprache beibehalten, Redundanzen erzeugen, indem er idiomatische Wendungen eins zu eins übernimmt, für ihm unbekannte Wörter die erstbeste Lösung aus dem Wörterbuch einsetzen und so weiter und so fort. Im extremen Fall ergibt sich eine Übersetzung, die klingt, als wäre sie computergeneriert.

Beispiele dafür gibt es genug, die im Rahmen von Fremdenverkehr und Tourismus hergestellten Texte sind in dieser Hinsicht eine reiche Fundgrube, und sie sorgen für unfreiwillige Komik, weil sie genauso wie der Witz im freudschen Sinn von der gängigen Vernunft und Logik abweichen und stattdessen eine kindliche, infantile Logik inszenieren: die Lust des Kindes, von einem eingeschlagenen Gedankenweg abzuweichen, Unterschiedliches zusammenzuwerfen, weil es ähnlich klingt, und vor allem bei der Zusammenfügung von Worten und Gedanken von der Bedingung abzusehen, dass diese auch einen Sinn ergeben müssen.

„Das Vorrecht der einzelnen Worte", schreibt Karl Dedecius dazu, „beobachten wir dort, wo man der Sprache noch nicht mächtig ist, beim Kinde zum Beispiel ... Von einem Erwachsenen erwarten wir über eine Wortgewandtheit hinaus noch die Satzgewandtheit, den Stil." Als Beispiel für das Wörtlichkeitsprinzip führt er die in Oberschlesien gängige Praxis an, einen polnischen Satz ohne Rücksicht auf die deutsche Syntax und den Sinn wörtlich zu wiederholen: Das Ergebnis ist das sogenannte Wasserpolnisch: „Hat genommen Antek sich Axt um bauen Haus."[7]

Zwei weitere Beispiele: die Übersetzung eines Postkartensujets aus Pompeji: (Bühne, erotische, für scena erotica) und eine Hotelwerbung aus dem Internet, in der tägliche Belebung angeboten wird, womit natürlich tägliche Animation gemeint ist.

Bei unserer Ausbildung und vor allem in unserer Praxis als Übersetzer und Dolmetscher lernen wir allmählich, Texte herzustellen, die nicht nur nicht unfreiwillig komisch, sondern vor allem verständlich, sind, die Information des Ausgangstextes ungetrübt wiedergeben und, sollten wir literarische Übersetzer sein, auch die Form des sprachlichen Kunstwerkes.

Wobei genau darin, in der Vermeidung der Wortwörtlichkeit, ja auch die Lust und der Spaß am Übersetzen bestehen: eben nicht, um beim Bild des climbing zu bleiben,
endlos über ebene Wiesen und durch fade Wälder zu lat-
schen, sondern einen neuen Weg durch die steile Wand zu
finden und Haken für die Nachkommenden einzuschlagen.
Der steilste Weg ist nämlich der gelungenste, und wahrscheinlich sollte man sich bei jeder vermeintlichen Offen-
sichtlichkeit sehr gut überlegen, ob sie nicht eine Falle ist.

Ich möchte wiederum zwei Beispiele anführen. 1995
ist das *Vademecum*[8] der Sprachwissenschaftlerin Judith
Macheiner erschienen, ein Leitfaden zum Übersetzen,
in dem sie ausführlich und detailreich den Nachweis er-
bringt, dass unterschiedliche Sprachen unterschiedliche
Informationsstrukturen aufweisen beziehungsweise den
Schwerpunkt anders setzen. Das Englische zum Beispiel
setzt den Schwerpunkt am Anfang des Satzes, das Deutsche am Ende. Wenn ich im Englischen etwas betonen,
als wichtig kennzeichnen möchte, setze ich es an den
Anfang, wenn ich im Deutschen etwas betonen oder als
wichtig kennzeichnen möchte, setze ich es ans Ende. Im
Englischen stört es nicht, wenn nach dem Schwerpunkt
noch eine Menge weniger wichtige Informationen folgen,
im Deutschen wird alles, was am Ende kommt, vom Hö-
rer automatisch abgewertet, als unwichtig eingestuft, es
entsteht der Effekt eines Mäuseschwänzchens.
  Nehmen wir zum Beispiel den englischen Satz:

There are two main reasons for this complexity.

Judith Macheiner bietet dafür vier Übersetzungsvarianten
an, die immer mehr von der Wortwörtlichkeit beziehungsweise der Beibehaltung der englischen Syntax abweichen.

Es gibt vor allem zwei Gründe für diese Schwierigkeiten.

Es gibt für diese Schwierigkeiten vor allem zwei Gründe.

Für diese Schwierigkeiten gibt es vor allem zwei Gründe.

Hierfür gibt es vor allem zwei Gründe.

Wir werden ihr wahrscheinlich alle beipflichten, dass der letzte Satz unseren Hörgewohnheiten entsprechend die Information am besten „rüberbringt": Wichtig sind die zwei Gründe, die im weiteren Verlauf des Textes wahrscheinlich auch genannt werden, auf sie kommt es an. Die anderen Sätze vermitteln den Eindruck von Redundanz, irgendetwas spießt sich, wir müssen uns regelrecht anstrengen, um zu verstehen, worauf es in dem Satz eigentlich ankommt.

Es ergibt sich also der paradoxe Effekt, dass mit der Beibehaltung der Syntax des Ausgangstextes ganz und gar nicht die Sprachmelodie des Originals erhalten bleibt (was man ja als Übersetzer unbedingt möchte), sondern dass die Übersetzung dem Original einen Tonfall hinzufügt, den dieses gar nicht aufweist: Pathos, Umständlichkeit, Redundanz. Man kann auf diese Weise einem in Alltagssprache geschriebenen Text den Anstrich höchster Artifizialität geben, es ist, als würde man das eherne Gesetz der Musik brechen, wonach bei einen Vierviertaltakt der Schwerpunkt auf dem ersten und dem dritten Schlag und bei einem Dreivierteltakt auf dem ersten Schlag liegt, und konsequent die zwei und die vier beziehungsweise die zwei und die drei betonen.

„Je mehr wir unser Glück in der Nähe zum Original suchen, um so mehr fallen wir auf die falschen Freunde in ihren verschiedenen Spielarten herein", schreibt dazu Judith Macheiner.[9]

Das Klangbild ist ein ebensolcher falscher Freund. So könnte man zum Beispiel bei der Übersetzung von Gedichten glauben, die Beibehaltung der im Originaltext vorgegebenen Vokale würde einen analogen Effekt garantieren. Bei Jiří Levý ist jedoch nachzulesen, dass die Forderung, die Klanginstrumentierung der Übersetzung solle sich auf dieselben Laute stützen wie in der Vorlage, keineswegs eine analoge Wirkung erzeuge. In jeder Sprache lässt sich nämlich eine Klangfolge am einfachsten und häufigsten auf die Laute gründen, die in der Sprache besonders häufig auftreten, während umgekehrt eine Wiederholung der Laute, die in der Sprache seltener sind, eine größere ästhetische Wirkung hat. Darüber, wie ein gewisser Laut zur Geltung kommt, entscheidet also nicht nur die Häufigkeit seiner Wiederholung, sondern auch die relative Häufigkeit zur normalen Frequenz. So entspricht zum Beispiel das italienische a nicht dem deutschen a. Im Italienischen steht der Vokal a nämlich erst an sechster Stelle, das heißt, i, e und o sowohl in ihrer offenen als auch in ihrer geschlossenen Form sind weitaus häufiger. Mit der bloßen Wiedergabe eines italienischen a durch ein deutsches a ist also im Grunde nicht viel gewonnen.

Nehmen wir zum Beispiel eine Gedichtzeile von Giuseppe Ungaretti:

Dall'ampia ansa dell'alba
Svelata alberatura

Marschall von Bieberstein macht daraus:

Aus der weiten Angst des Morgengrauens
Lösen sich entschleierte Masten

Und Friedhelm Kemp versucht die Klanginstrumentierung beizubehalten:

Allen diesen Behauptungen und Forderungen haftet natürlich eine gewisse Subjektivität an. Wenn mir ein Student im ersten Semester erklärt, er fände, „Es gibt vor allem zwei Gründe für diese Schwierigkeit" sei die gelungenste Übersetzungsvariante, habe ich nicht wirklich eine Handhabe, ihn vom Gegenteil zu überzeugen. Allerdings plädieren nicht nur Studenten für Wortwörtlichkeit, sondern auch Kollegen, zum Teil hoch gelobte und prämierte Übersetzer und Schriftsteller, Theoretiker und Philosophen. Walter Benjamin etwa, dem ich zwar in der Diagnose, die Übersetzung stünde am Rande des inneren Bergwalds der Sprache, sehr gut folgen kann, nicht aber im Therapievorschlag, in der eigenen Sprache die im Original gebannte „reine Sprache" mittels Wortwörtlichkeit zu „erlösen".

Die Übersetzung bewegt sich, wie ich ja bisher zu zeigen versucht habe, auf einem ziemlich schmalen Grat. Ihre Möglichkeiten sind begrenzt. Das sind Einsichten, die nicht gerade mit Euphorie und Grandiosität, sondern vielmehr mit Realismus und Bescheidenheit einhergehen. Zweifellos sind sie kränkend. Der Übersetzer bekommt etwas in die Hand gedrückt, dem große öffentliche Wertschätzung widerfährt, das vielleicht sogar ein Kunstwerk ist, er selbst ist jedoch – so wird ihm vermittelt, und so empfindet er vielleicht auch selbst – nur ein Medium, durch das dieses hindurchgeht, um in einer anderen Sprache rezipiert werden zu können. Und noch dazu muss er höllisch aufpassen, diesem Kunstwerk nicht zu viel von seinen Eigenheiten wegzunehmen, es nicht kaputtzumachen.

Jede Übersetzung, die etwas taugt und die sich bewährt, die Leser findet, die nach Jahren, Jahrzehnten oder vielleicht sogar Jahrhunderten noch gelesen wird, ist sich dieser Rahmenbedingungen bewusst. Sie weiß, worin ihre Leistung besteht: Auch wenn ihr nicht die sublimierende Arbeit des Kunstwerks zugrunde liegt, ist Arbeit vonnöten, um eine Übersetzung herzustellen, zuweilen Knochenarbeit. Man kann sich als Übersetzer die Haare raufen, wenn man einen Satz wiederzugeben versucht, der sich nicht nur über Zeilen, sondern über Seiten zieht und sich hinten und vorne nicht ausgeht, man kann entnervt das Handtuch werfen und dann plötzlich aus dem Nichts heraus, beim Einkaufen im Supermarkt oder mitten in der Nacht, eine Eingebung haben, wie denn ein gewisses Wort zu übersetzen wäre, nach dessen Entsprechung man tagelang umsonst gesucht hat, und dabei das glückliche Gefühl haben: Das war eine Inspiration, eine Botschaft aus einer anderen Welt! Womit der Nachweis erbracht wäre, dass das Übersetzen durchaus ein kreativer Prozess ist.

Und zweifellos gibt es auf diesem schmalen Grat, den die Übersetzung beschreitet, immer noch Schwankungen, Möglichkeiten. Es gibt Übersetzungen, die zwar handwerklich perfekt, aber dennoch tot sind, und es gibt Übersetzungen, die – selbst wenn ihnen zuweilen Fehler unterlaufen – leben, denen man anmerkt, dass hier im Rahmen des Möglichen Sprache gemacht wurde.

Vergleicht man etwa zwei Übersetzungen ein und desselben Textes, die aus welchen Gründen auch immer zeitgleich in einem ehemaligen Ostverlag und in einem Verlag des Westens erschienen sind, oder Übersetzungen, die in einem kleinen Verlag und gleichzeitig in einem großen Publikumsverlag erschienen sind, kommt man zu einem im Grunde wenig überraschenden Ergebnis. Erstere gestatten sich in der Regel mehr Wortwörtlichkeit und Sperrigkeit zugunsten von Lokalkolorit; Übersetzungen, die in großen Verlagen und in den Verlagen des Westens erschienen sind, hingegen „flutschen", eliminieren jedes sich dem schnellen Verstehen verweigernde Hindernis. Und obwohl man punktuell vielleicht manchmal eher der einen und dann wieder der anderen Lösung zuneigt, haben zumeist beide Varianten ihre Berechtigung.

Zu übersetzen heißt also, sich Zwängen zu unterwerfen, ein Korsett zu tragen, aus dem man zuweilen liebend gerne ausbrechen möchte. Und tatsächlich gibt es auch Ausbruchsversuche, auf der Ebene der Praxis und auch der Theorie. Wobei sich die auf der Ebene der Praxis eher in Grenzen halten, Experimentalcharakter haben, nicht zuletzt deshalb, weil die Wortwörtlichkeit im Extremfall tatsächlich den Eindruck einer computergeneriertem Übersetzung macht und natürlich kein Verlag Lust hat, unlesbare und somit auch unverkäufliche Übersetzungen zu publizieren. Die Ausbruchsversuche spielen sich vor allem im Bereich der Theorie ab, beim Reden über das Übersetzen. Es gibt ein, möchte ich behaupten, postmodernes Reden über das Übersetzen.

Es gibt ein Reden über die Übersetzung, das diese von ihrem Los, eine Annäherung und eine Nacherzählung – beziehungsweise eine Entstellung und Profanisierung – zu sein, erlösen möchte, das aus der Übersetzung etwas anderes und mehr machen möchte. Das Minus soll in ein Plus umgemünzt werden, die Übersetzung soll nicht länger ein Verlust, sondern ein Zuwachs an Sinn sein. Ein derartiges Reden über das Übersetzen stammt zweifellos aus dem sprachphilosophischen Lager, das sich auf Walter Benjamin beruft:

Die wahre Übersetzung ist durchscheinend, sie verdeckt nicht das Original, steht ihm nicht im Licht, sondern läßt die reine Sprache, wie verstärkt durch ihr eigenes Medium, nur um so voller auf das Original fallen. Das vermag vor allem Wörtlichkeit in der Übertragung der Syntax und gerade sie erweist das Wort, nicht den Satz als das Urelement des Übersetzers. Denn der Satz ist die Mauer vor der Sprache des Originals, Wörtlichkeit die Arkade.[10]

Das Übersetzen wird zum Bild für das Bedeuten. So dehnt Derrida, der in den 1980er Jahren gemeinsam mit Paul de Man eine dekonstruktivistische Lesart von Benjamins Aufsatz lieferte, den Übersetzungsbegriff metaphorisch aus, indem er „Übersetzung" schon in jedem Text und in jeder einzelnen Sprache stattfinden lässt: Bedeutung entstünde danach durch die Differenz zwischen den sprachlichen Zeichen und ihr unablässiges Aufeinanderverweisen. Und wo kein Original, da auch keine Kopie: Die Übersetzung ist somit nicht mehr und nicht weniger als ein Glied in der Kette des ewigen Bedeutens.[11]

Aufgrund ihres hohen Abstraktionsgrades hat seine Lesart Benjamins weder die Übersetzungswissenschaft noch die übersetzerische Praxis nachhaltig beeinflusst, dennoch sieht man sich als Übersetzer immer wieder mit aus dieser Haltung erwachsenden Forderungen konfrontiert, beziehungsweise gezwungen, die eigene übersetzerische Praxis zu verteidigen.

Auch Judith Macheiners *Vademecum* ist ja bereits als Antwort auf derartige Forderungen entstanden: „Daß die bestmögliche Paraphrase auch die bestmögliche Übersetzung ist, dürfte von den meisten bezweifelt und von nicht wenigen heftig bestritten werden", schreibt sie im Eingangskapitel. Und: „Der Punkt, der die Zweifler und

Opponenten auf den Plan ruft, heißt in der jüngeren Geschichte der Übersetzung ‚Treue zum Original' ... wenig sinnvoll scheint es uns jedoch, Treue zum Original als eine größtmögliche Ähnlichkeit mit seinen sprachlichen Strukturen zu verstehen."[12]

Als Übersetzer sieht man sich mit der Forderung konfrontiert, das kulturell Fremde nicht mehr gewaltsam einzubürgern, die übersetzerische „Treue" im Einklang mit der dekonstruktivistischen Haltung als „Verantwortung für die Unberührbarkeit und Fremdheit der anderen Sprache" zu definieren und eine Praxis zu pflegen, bei der die Übersetzer „den Text der eigenen Sprache nachhaltig mit der Fremdheit und Idiomazität der anderen Sprache vernetzen".[13]

Ganz im Sinne Walter Benjamins, wonach die Übersetzung durchscheinend zu sein habe und nicht das Original verdecken, ihm nicht im Licht stehen, sondern die reine Sprache wie verstärkt durch ihr eigenes Medium umso voller aufs Original fallen lassen solle, drehte Henri Meschonnic in den 1980er Jahren des vorigen Jahrhunderts die Richtung des Übersetzens um: Eine gelungene Bibelübersetzung etwa müsse das Deutsche, das Französische oder in welche Sprache auch immer übersetzt werde, hebräisieren: „Die Übersetzung ist demnach nur gelungen, wenn sie die Unterschiede nicht tilgt, sondern offenbart. Nicht um die Sprache zu verändern, sondern um die Heterogenität, das Anderssein des Diskurses zu etablieren, der immer seine eigenen Regeln produziert."[14]

Und der Schweizer Autor und Übersetzer Felix Ingold schrieb ungefähr zur gleichen Zeit: „Der Verrat des Übersetzers am Original besteht darin, daß dessen Fremdheit

... nämlich dessen Eigenart durch die Übersetzung getilgt wird; daß der übersetzte Text in der Zielsprache wie ein Original zu lesen ist und also kaum noch Befremden auslöst." Und weiter: „Je kleiner die Differenz zwischen Übersetzung und Original, desto größer der Verrat des Übersetzers am Text." Und er zitiert Mandelstam: „Einen Autor zur Gänze wiederzugeben, kommt bisweilen einer Beleidigung gleich."[15]

Im Übrigen lässt sich der Zwiespalt zwischen adaptierender und wortgetreuer Übersetzung lange in der Literaturgeschichte zurückverfolgen. Die Klassiker optierten für Adaption, die „wortgetreuen" Übersetzer der Romantik mit ihrer Vorliebe für das Partikuläre und Nationale hafteten in einem solchen Maße am Einzelnen, dass sie nicht gänzlich auf die Originalsprache verzichten wollten und sich in der wortwörtlichen Übersetzung zumindest syntaktisch an sie hielten. Im 19. Jahrhundert forderte Schleiermacher, dass sich der Übersetzer der Originalsprache unterzuordnen habe, „denn wie sonst könnte der Übersetzer dem Leser das Gefühl vermitteln, dass das, was er liest, nicht ganz alltäglich ist, sondern dass es ihm wie etwas völlig Fremdes klingen muss"[16].

Der heilige Hieronymus, der Urahn aller Übersetzer, wiederum forderte, wie übrigens auch schon Horaz und Cicero, dass nicht Wort für Wort, sondern Sinn für Sinn zu übersetzen sei. Er schrieb unmissverständlich: „Wörtliche Übertragung führt zu Unsinn."[17]

Vielleicht könnte man die Debatte folgendermaßen auf den Punkt bringen: Alle geistigen Strömungen, alle Pragmatiker, die sich dem Rationalismus und der Aufklärung verpflichtet fühlen, befürworten „sinnerhaltendes" Übersetzen, während alle Strömungen, die dem „Irrationalen" zuneigen, die Vorherrschaft des Logos anfechten, dem „wörtlichen" Übersetzen den Vorzug geben.

Andererseits versucht man die Übersetzung von ihrem Status der imitierenden oder kopierenden Nacherzählung zu befreien: Das jüngste Beispiel für eine derartige Haltung ist der 2007 erschienene Essay des Schweizer Literaturwissenschafters Peter Utz: „Anders gesagt, autrement dit, in other words"[18], worin er die Übersetzung als eine Art der Interpretation definiert, der literaturwissenschaflichen Hermeneutik gleichstellt, sie im Gegensatz zur Kopie zum Kommentar des Originals erklärt. Sie hebe sich über das Original, schreibt er, lege dessen Sinn aus, um ihn reformulierend zu klären, zu deuten, auszulegen. Der Übersetzer werde somit, ganz im Sinne Novalis', zum „Dichter des Dichters".

Auf den ersten Blick mag die Forderung, die Fremdheit der Ausgangssprache in der Zielsprache beizubehalten, nicht viel mit Peter Utz' Versuch gemeinsam haben, die Übersetzung in den Rang der kommentierenden Interpretation zu heben, auf den zweiten schon. Peter Utz betrachtet in seinem Essay englisch- und französischsprachige Übersetzungen von Hoffmann, Fontane, Kafka und Musil, allerdings nicht unter dem Aspekt der Übersetzungskritik, wobei es um eine Bewertung der jeweiligen Lösungen im Sinne von gelungen oder weniger gelungen ginge, sondern um im „polyphonen Chor multipler Übersetzungen jene Tonlagen des Originals hervortreten" zu lassen, für welche die schriftfixierte Literaturwissenschaft häufig kein Ohr habe. Er postuliert, die Vielfältigkeit der Übersetzungslösungen würde neues Licht auf das Original werfen, neue, unbekannte Seiten an diesem hervorbringen.

Er wählt Beispiele, etwa das bekanntermaßen unübersetzbare deutsche Wort „unheimlich" (bei E. T. A. Hoffmann), wofür es nur Annäherungen geben kann, und listet die englischen und französischen Übersetzungen untereinander auf – uncanny feeling, sensation of something sinister, feeling of weirdness, feeling of uncannyness – und meint, diese Mehrdeutigkeit würde auf das deutsche Original rückwirken, angelegte Bedeutungsknospen zum Blühen bringen.

Um diese Mehrdeutigkeit zu erzeugen, muss er allerdings eine absolut künstliche, unrealistische Situation herstellen. Einmal abgesehen davon, dass sich ein Leser, und sei er auch ein Spezialist, kaum je in der Situation befinden wird, alle Lösungen auf einen Blick parat zu haben, und dass sich darüber hinaus kaum je ein Leser finden wird, der mit einer derartigen Sprachkompetenz ausgestattet ist, dass er die feinen Bedeutungsnuancen all dieser Lösungen, noch dazu in mehreren Sprachen abschätzen kann, wage ich zu behaupten, dass die Lösungen, uncanny, weird, sinister usw., selbst in ihrer postulierten Polyphonie dem deutschen Original allenfalls etwas wegnehmen, nichts hinzufügen. Keines von ihnen enthält den Wortteil „heim", der – wie Freud gezeigt hat – das Unheimliche zu einem Abwehrmechanismus gegen das Heimliche, das allzu Vertraute werden lässt.

(Wobei sich, nebenbei gesagt, die punktuelle Betrachtungsweise auch in diesem Fall als äußert unzulänglich erweist. Denn auch wenn ein Übersetzer manchmal gezwungen ist, sich punktuell für eine äußerst unzulängliche Lösung zu entscheiden, Dinge unter den Tisch fallen zu lassen, so heißt das andererseits nicht unbedingt, dass er den Verlust nicht an einer anderen Stelle kompensiert, oder dass seine Übersetzung in ihrer Gesamtheit nicht doch die Stimmung des Originals – in diesem Fall das „Unheimliche" – wiedergibt.)

Sowohl die Forderungen, dem Original durch Ähnlichkeit der sprachlichen Strukturen treu zu bleiben, als auch der Versuch, die Übersetzung zur kommentierenden und sinnstiftenden Fortschrift und Umschrift des Originals zu stilisieren, verleugnen das Wesentliche der Übersetzung. Sie verleugnen, dass das Wesentliche der Übersetzung darin besteht, zu entscheiden, wegzulassen, Hierarchien zu setzen. Der Übersetzer triagiert – sage ich mal mit einem bewusst martialischen Bild – er entscheidet, was wichtig ist und was nicht, er wählt aus, was überleben darf und was nicht.

Er muss Dinge wegfallen lassen, er muss auf etwas verzichten. Er hangelt sich die Denotationen entlang. Vielleicht vermitteln auch weird, sinister und uncanny das Gefühl des Gruseligen, nicht aber den Eindruck, dass uns das Allervertrauteste zuweilen die größte Angst macht.

In Gesualdo Bufalinos bereits erwähntem Roman „Das Pesthaus" kam der Ausdruck la mafia degli occhi vor. La mafia ist ein alter italienischer Ausdruck für malizia. Natürlich kann man im Deutschen keinen mafiösen Blick erzeugen, ich kann einem jungen Mädchen allenfalls einen maliziösen oder schelmischen Blick bescheinigen. Der Autor hat sich einen Spaß daraus gemacht, in einem Roman, der in Sizilien spielt, ein höchst anspielungsreiches Wort zu verwenden. Als Übersetzer muss ich auf diese Konnotation verzichten, ich bringe sie auch an keiner anderen Stelle unter, und selbst wenn ich die englische, deutsche und französische Übersetzung dieser Stelle zusammentrage, wird sich dadurch kein Plus an Sinn, kein Kommentar, sondern ein Minus ergeben.[19] Dieser Verzicht, dieser Verlust tut weh, ist aber unumgänglich, unvermeidbar.

Sowohl die Forderungen nach „Fremdsprachlichkeit" als auch die Versuche, die Übersetzung zum Mehrwert zu stilisieren, wollen diese Entscheidungsnotwendigkeit, die aufgrund der Dominanz des Logos sich ergebende Notwendigkeit der Hierarchisierung, nicht wahrhaben. Die einen versuchen eine Art Rohübersetzung, eine Interlinearversion herzustellen, einen Embryonalzustand vor der Bearbeitung, in dem vermeintlich alle Möglichkeiten der Entwicklung angelegt, aber nicht ausformuliert sind, die anderen versuchen, bereits getroffene Entscheidungen rückgängig zu machen und eine höchst künstliche Situation zu erzeugen, in der dem Leser mehrere Varianten und somit eine vermeintliche Vollständigkeit, wenn nicht gar ein Mehr an Sinn und Bedeutung, zur Verfügung gestellt werden. (Eine weitere Möglichkeit, sich der Notwendigkeit der Entscheidung zu entziehen, bestünde vielleicht darin, jede Mehrdeutigkeit, die in der Übersetzung verloren gehen muss, in Fußnoten erläuternd zu erhalten).

Alle diese Versuche geschehen im Zeichen der Differenz. Ihr höchster Wert ist die Differenz. Die einen weigern sich einzudeutschen, weil damit das Fremde vernichtet würde, sogenannte postkoloniale Übersetzungsstrategien betonen kulturelle Verschiedenheit, indem sie die Tatsache der Übersetzung sichtbar machen.

Peter Utz wiederum versucht die Übersetzung zu „entkolonialisieren", die traditionelle Blickrichtung punktuell umzudrehen, indem er das Original von den Übersetzungen her liest. Die Interlinearversion, schreibt er, mache Differenzen hörbar: Differenzen zwischen den

Sprachkulturen, die historische Differenz zwischen Original und Übersetzung und das Differente in Original und Übersetzung selbst.

Das Übersetzen wird somit zu einem Nebenschauplatz der Ausländerpolitik, oder anders formuliert, in Peter Utz' Worten: „Offensichtlich wird in jedem Fall, dass das gegenwärtig neu erwachte Interesse für die Übersetzung direkt mit der intensivierten Auseinandersetzung zusammenhängt, die unsere Gesellschaft auf allen Stufen mit dem Fremden führt."

Akzeptiert man den Vergleich, dass ich als Übersetzer der fremden Sprache genauso gegenüberstehe wie wir sogenannten Inländer den sogenannten Ausländern, dann könnte ich ihr gegenüber mehrere Haltungen einnehmen. Ich könnte sagen: Du kannst dich anpassen und die Werte unserer Kultur übernehmen oder du kannst ein Dasein als Fremder in der Fremde führen. Beides ist ein Verlustgeschäft für dich, aber ich fürchte, du wirst nicht darum herumkommen, in irgendeiner Weise einen Verzicht zu leisten. Oder ich könnte eine dritte Strategie einschlagen: Ich könnte ein Kopftuch aufsetzen. Ich habe mir lange überlegt, was es bedeuten würde, wenn ich ein Kopftuch trüge. Ich glaube, es würde bedeuten, der Konfrontation aus dem Wege zu gehen. Ich würde damit vermeiden zu sagen, dass ich eine Identität besitze, die ich nicht aufzugeben gewillt bin, dass ich Hierarchien setze, meine Lebensweise anderen vorziehe und dass jeder, der in meiner Nähe leben möchte, sich mit dieser Identität, mit diesem Unterschied zwischen mir und ihm, auseinandersetzen muss. Es wäre ein Versuch, die Unterschiede einzuebnen. Es wäre irgendwie anbiedernd, feig und auch ein wenig verlogen.

Merkwürdigerweise scheinen jedoch gerade die, die von der Fremdheit und Unverletzlichkeit der fremden Sprache sprechen, unablässig die Differenz im Mund führen und der Übersetzung bildlich ein Kopftuch aufsetzen, gerade vor Differenzierung, Herausbildung und Anerkennung von Unterschieden zurückzuschrecken. Wenn ich eine Übersetzung herstelle, die den Gesetzmäßigkeiten der deutschen Sprache entspricht, so besitzt diese eine Identität, die sich gegen andere Identitäten absetzt, auch wenn sie oder gerade weil sie auf vieles verzichten hat müssen. Wenn ich der Übersetzung ein Kopftuch aufsetze, so kehre ich zu einem Zustand vor allen Differenzierungen und Unterschieden zurück, in dem manche – nicht zuletzt auch die Sprachphilosophen – offenbar das Paradies erblicken, in dem wir vermeintlich noch eins und vollständig waren, unbeschnitten und ungekränkt – „erlöst" von den Anforderungen der Realität.

Außerdem gerät bei dem vielen Reden über die Differenz eine Sache aus dem Blickwinkel, auf die es beim literarischen Übersetzen als einzige ankommt: auf die Differenz zwischen der Sprache an und für sich und der Gestaltung der Sprache durch den Autor, mit einem Wort: die Literatur.

Egal ob die Forderungen, die versuchen, die Fremdheit und Eigenheit der Ausgangssprache zu retten, nun politisch, ideologisch oder sprachphilosophisch motiviert sind, das Ergebnis ist in allen Fällen eine Übersetzung, die klingt, als wäre sie das Werk eines Anfängers, oder schlimmer noch, als wäre sie computergeneriert. Die Fremdheit der Ausgangssprache soll erhalten werden, um den Preis der Vernichtung der Literatur, die zu einem formlosen Brei eingestampft wird, als hätte der Autor nie

Form- und Gestaltungswillen besessen. Sichtbar wird die Tatsache der Übersetzung, unsichtbar werden der Autor und letzten Endes auch die Ausgangssprache, die nur als form- und sinnloses Kauderwelsch überlebt.

Dabei steht ja der Schriftsteller seiner Sprache – egal, welcher – zumeist nicht neutral gegenüber, sie ist kein Wert an sich, vor dem er in stiller Anbetung verharrt, sondern etwas Objektives und vielleicht auch als ungenügend Empfundenes, das es zu bewältigen und zu gestalten gilt. Mehr als jeder andere leidet er mitunter darunter, dass sie verfällt, schlampig gebraucht wird, zu einer Einheitssprache verkommt, von Massenmedien, Jargons und durch die Dominanz des Englischen korrumpiert wird. Sie stellt sich ihm als flach und ausdruckslos dar. Hofmannsthal zerfiel sie wie Morcheln im Mund, ich möchte hier Italo Calvino zitieren:

Manchmal scheint mir, als ob eine Pestepidemie über die Menschheit gekommen wäre und sie gerade in ihrer charakteristischsten Fähigkeit getroffen hätte, das heißt eben im Gebrauch der Worte, eine Pest der Sprache, die sich als Verlust von Unterscheidungsmöglichkeit und Unmittelbarkeit ausdrückt, als ein Automatismus, der dazu neigt, den Ausdruck auf die allgemeinsten, anonymsten und abstraktesten Formeln zu verflachen, die Bedeutungen zu verwässern, die Ausdrucksecken und -kanten abzuschleifen und jeden Funken zu ersticken, der beim Zusammenprall der Worte mit neuen Situationen entsteht. Ich will hier nicht der Frage nachgehen, worin die Ursache dieser Epidemie besteht … was mich interessiert, sind die Möglichkeiten einer Heilung. Die Literatur und vielleicht nur sie kann Antikörper bilden, die sich der Ausbreitung dieser Sprachpest entgegenstellen – mein Unbehagen betrifft den Verlust an Form, den ich überall konstatiere und dem ich die einzige Abwehr entgegensetze, die ich mir vorstellen kann: eine Idee der Literatur.[20]

Der Schriftsteller erlebt seine eigene Sprache als etwas Fremdes, vielleicht auch Entfremdetes, und sein Bestreben geht dahin, sie zu gestalten, sich ihrer zu bemächtigen. „Wörter sind unzuverlässig", schreibt dazu Karl Dedecius. „Aber sie sind das Material, mit dem wir fertig werden müssen."[21] Und vielleicht liegt unser Glück beim Lesen nicht nur darin, Bekanntschaft mit etwas Fremdem zu machen – das in dieser Eigenschaft ja auch unverständlich und schlichtweg uninteressant sein könnte –, sondern dieser Bemächtigung und Gestaltung teilhaftig zu werden. „Literatur setzt unsere zerschlissenen Metaphern wieder instande", wie der französische Philosoph Paul Ricœr gesagt hat.

Genau diese Eigenheit gilt es beim Übersetzen abzuschöpfen: die Art und Weise, wie sich der Autor gegen seine Sprache stemmt, zur Wehr setzt, seine literarische Qualität mithin. Interessant an ihm ist also nicht das Wort, der Satz in seiner postulierten Absolutheit und Fremdheit, sondern wie sich dieses Wort, dieser Satz zur Gesamtheit der von ihm benutzten Sprache verhält und nicht zuletzt auch wie sich sein Werk innerhalb der literarischen Tradition seiner Sprache bewegt, ob er die Regeln befolgt, ob und wie er sie bricht, in derselben Weise, wie sich bei dem eingangs erwähnten Beispiel bezüglich der Klanginstrumentierung die ästhetische Wirkung eines Lautes nicht losgelöst von der jeweiligen Sprache betrachten lässt, sondern von der Häufigkeit im Vergleich zur normalen Frequenz abhängt.

Zweifellos gehört zu dieser übersetzerischen Haltung des „Eindeutschens" auch ein Gutteil Aggressivität, die Bereitschaft, dem Text Gewalt anzutun, um ihn in der eigenen Sprache wiederauferstehen zu lassen. Der französische Psychoanalytiker Serge Gavronsky spricht in diesem Zusammenhang von Kannibalismus:

Damit meine ich das vollkommene Verschwinden der letzten Spuren des Originals und die Vorlage eines Textes, den der unbefangene Leser als einen vollendeten und nicht einen induktiven Text ansehen könnte, aus dem sich noch immer die semantische, syntaktische und grammatische Struktur der Ausgangssprache rückbinden ließe.[22]

Der aggressive Übersetzer würde sich demzufolge des Originals bemächtigen, den Text abschmecken, sich ihn einverleiben und dann in seiner eigenen Sprache wiedergeben, womit er sich eindeutig vom ursprünglichen Schöpfer befreit hätte.

Das so verstandene Übersetzen sei keine passive Pflichtübung mehr, kein Dienst an einem metaphysisch überlegenen Original, sondern das offensichtliche Zeichen eines Übergriffs, eines Lustgefühls, zu dem sich der Übersetzer vielleicht nicht offen bekennen mag. Und während die erste Phase des Übersetzens in der Kannibalisierung, als der völligen Einverleibung und Zerstörung des Originals besteht, so käme in der zweiten Phase das schlechte Gewissen ob der begangenen Tat zur Geltung, das im Wiederherstellen des zerstörten Originals mündet.

Und manchmal stellt sich dabei ein überraschender und beglückender Effekt ein: Schön langsam kristallisiert sich beim Übersetzen ein Tonfall, eine Stimmung heraus, die nicht am einzelnen Wort festzumachen sind, sondern eine Eigenschaft des Ganzen sind und die den Tonfall, die Stimmung des Ausgangstextes hervorragend wiedergeben, obwohl man bewusst gar nicht sagen könnte, welche übersetzerischen Lösungen konkret für diesen Effekt verantwortlich sind. Und sofern das Übersetzen ein kreatives, eigenschöpferisches Moment in sich birgt, besteht es ausschließlich in diesem Vorgang des Zerstörens und Wiederherstellens, des Metabolisierens, der ja auch der Kunst zugrunde liegt: Auch ein Kunstwerk, das sich darauf beschränkt, Altbekanntes zu wiederholen, ist wertlos.

Oder wie Friedhelm Kemp es ausdrückt:

Der Übersetzer kommt nicht darum herum, das Gedicht aus einer fremden Sprache, einem entlegenen Jahrhundert zu unterlaufen, zu überhöhen, seinerseits zu verfremden, es paraphrasierend zu entfalten oder verknappend abzuhagern. Nur geschehen muß etwas, ein Funke muß überspringen ... Vielleicht ist die Übersetzung, als ein Widerschein in einem tätigen Spiegel, auf eine Art Überpoesie aus. Sich bescheidend ist sie Echo, Nachfolge, Dienst; doch auch dann ohne ein Gran Eigensinn wertlos, überflüssig.[23]

Damit möchte ich nach diesen philosophierenden Überlegungen abschließend wieder zu den technischen Voraussetzungen des Übersetzens zurückkehren – beziehungsweise zu den Techniken, mit deren Hilfe sich die Form, die Gestaltung des sprachlichen Kunstwerks abschöpfen lassen. Auf die einfachste Formel gebracht, lauten diese:

Höchste Aufgabe des Übersetzers ist es, die Eigenheit des Stils des übersetzten Autors zu reproduzieren, und nicht die Eigenheiten der von ihm benutzten Sprache. „Konventionalisierte Redundanzen", wie Judith Macheiner sie nennt, sind zu vermeiden. „Der Eindruck von zuviel oder zuwenig", heißt es in ihrem *Vademecum*, „entsteht dann immer bei jenen mißglückten Übersetzungen, in denen die besonderen Bedingungen für konventionalisierte Redundanzen in der Zielsprache gegenüber der Ausgangssprache nicht berücksichtigt werden, kurz in Übersetzungen, die glauben, dem Original durch denselben Grad von struktureller Explizitheit treu zu bleiben."[24]

Tatsächlich entsteht bei solchen Übersetzungen der Eindruck, dass etwas vorsteht, übrig bleibt, sich spießt: Etwas, das in der Ausgangssprache selbstverständlich und somit nebensächlich war, bekommt in der Zielsprache eine übergroße Bedeutung und stört. Die Übersetzung schleppt einen Ballast mit, der das Original gar nicht beschwert. Es entsteht eine Art Übersetzersprache, die weder Fisch ist noch Fleisch. Kauderwelsch. Wasserpolnisch.

Wenn es auf Englisch heißt »This tea ist too hot to drink«, ist es relativ einsichtig, dass ich im Deutschen auf das Trinken verzichten kann, denn was sonst sollte ich mit dem Tee tun. Aber in welches Dilemma stürzt mich der Autor, wenn sich im darauf folgenden Vers ein Wort auf »drink« reimt oder wenn im darauf folgenden Absatz das »drink« in einem Wortspiel aufgegriffen wird?

Während es einerseits relativ einfach ist, keine toten – also lexikalisierten – Metaphern zu neuem Leben zu erwecken, aus einem Tischbein also kein Bein des Tisches zu machen, kommt andererseits keine Übersetzung völlig darum herum, Nebensächliches zu übernehmen. Je absichtsvoller sich ein Autor von allen stehenden Wendungen entfernt, desto mehr fällt dieses der Übersetzung inhärente Manko ins Gewicht. Die Übersetzung, sofern sie keine völlig freie Nachdichtung ist, wirkt zuweilen, als würde sie nur Nebensächliches übernehmen, als würde sie den Text auf etwas festnageln, was dem Autor gar nicht wichtig war, sie wird zum Schatten des Originals, der bei anderer Beleuchtung auch völlig anders hätte ausfallen können.

Doch andererseits sind diese Dilemmata genau die Herausforderungen, die das Übersetzen lustig und spannend machen. Allein wenn ich darüber spreche, denke ich, es muss doch eine Möglichkeit geben, den Reim, das Wortspiel auf einer anderen Ebene zu erhalten, ohne das »drink« zu wiederholen. Es kribbelt mich in den Fingern, am liebsten würde ich es gleich ausprobieren.

Keine Ahnung, aus welchen Quellen sich dieses Lustgefühl und dieser Triumph, diese Befriedigung speisen. „Wenn Liebe oder Tod mich nicht daran hindern, werde ich die eine mit der anderen Wahrheit paaren", so beschrieb Francesco Petrarca sein literarisches Projekt. Worin die von ihm angesprochenen Dichotomien nun auch bestehen mögen – Geist/Körper, Verstand/Gefühl –, ein wenig von diesem Impetus, das Getrennte zusammenzufügen, ist wohl auch dem Übersetzen eigen. Der Ehrgeiz, das Unmögliche versucht zu haben und es auch geschafft zu haben, soweit es eben geht, soweit es möglich ist, einen Kompromiss eingegangen zu sein, aber eben nicht den billigsten, sondern den mühsamsten, auf dem Weg zum Gipfel eben nicht den ausgetretenen Touristenpfad, sondern den steilsten Aufstieg genommen zu haben und dafür mit der schönsten Aussicht belohnt worden zu sein.

Anmerkungen

1 Karl Dedecius: Vom Übersetzen. Frankfurt am Main 1986, S. 57.

2 Luigi Pirandello: Arte e scienza. Milano 1994, S. 85 ff.

3 zit. n. Peter Utz: Anders gesagt, autrement dit, in other words. München 2007, S. 32.
   Andererseits eignet sich das notwendige Scheitern der Übersetzung als Bild für das prinzipielle „weibliche" Scheitern an der Welt. „Und etwas fing an, in ihr auszubleiben, es konnte der Anfang der Sprachlosigkeit sein, oder es fing an, etwas einzutreten, ein tödliche Krankheit", schreibt Ingeborg Bachmann in ihrer Erzählung „Simultan", deren Protagonistin eine Dolmetscherin ist. „Sie fing zu weinen an. Ich bin nicht so gut, ich kann nicht alles, ich kann immer noch nicht alles. Sie hätte den Satz in keine andere Sprache übersetzen können, obwohl sie es zu wissen meinte, was jedes dieser Worte bedeutete und wie es zu wenden war, aber sie wusste nicht, woraus dieser Satz wirklich gemacht war. Sie konnte eben nicht alles."

4 Zit. n. Peter Paschke: Metaphern und andere Probleme der literarischen Übersetzung am Beispiel von Daniele de Giudices Das Abheben des Schattens vom Boden. Kassel 2000.

5 Jiří Levý: Die literarische Übersetzung. Theorie einer Kunstgattung. Frankfurt am Main 1969.

6 Gérard Genette: Palimpseste. Die Literatur auf zweiter Stufe. Frankfurt am Main 1993, S. 289 ff.

7 Karl Dedecius, op. cit., S. 41.

8 Judith Macheiner: Übersetzen. Ein Vademecum. Frankfurt am Main 1995.

9 op. cit., S. 39.

10 Zit. n. Peter Utz, op. cit., S. 33.

11 Siehe dazu Friedmar Apel / Annette Kopetzki: Literarische Übersetzung. Stuttgart 2003, S. 96 ff.

12 Judith Macheiner, op. cit., S. 12.

13 Friedmar Apel / Annette Kopetzki, op. cit.

14 Henri Meschonnic: Der Übersetzer und der Widerwille gegen die Poetik. In: wespennest 73, Wien 1988.

15 Felix Philipp Ingold: Über's: Übersetzen (Der Übersetzer, die Übersetzung). In: Martin Meyer (Hrsg.): Vom Übersetzen. München 1990, S. 144 ff.

16 Zit. n. Friedmar Apel / Annette Kopetzki, op. cit.

17 Zit. n. Karl Dedecius, op. cit., S. 92.

18 Peter Utz, op. cit.

19 In der deutschen Übersetzung wird mafia mit Koketterie wiedergegeben, in der französischen mit dédain – Verachtung. In beiden Fällen fällt sowohl die Konnotation als auch das Altertümliche des Ausdrucks weg. Und selbst wenn ich das italienische Wort mafia im Lichte von Koketterie und Verachtung betrachte, kann ich beim besten Willen keinen durch die Differenz der Kulturen bedingten Kommentar bzw. Bedeutungszuwachs erkennen.

20 Italo Calvino: Sechs Vorschläge für das nächste Jahrtausend. Harvard-Vorlesungen. Aus dem Italienischen von Burkhard Kroeber. München / Wien 1991, S. 84.

21 Karl Dedecius, op. cit., S. 43.

22 Serge Gavronsky: Der Übersetzer zwischen Pietät und Kannibalismus. In: wespennest 73, Wien 1988.

23 Friedhelm Kemp: Übersetzen als Prozess. In: Martin Meyer, op. cit., S. 22.

24 Judith Macheiner, op. cit., S. 93.